照顾好你的"心"

写给青少年自己的心理健康指南

[英]朱诺·道森 [英]奥利维娅·休伊特 著
[英]杰玛·科雷尔 绘　孙依静 译

目 录

第一章 让我们来谈谈·················1
    让我们敞开心扉，谈谈心理健康问题

第二章 调查统计··················13
    数据漫谈

第三章 医生，医生！我觉得我是一对窗帘！·······19
    关于诊断

第四章 帮帮我！··················27
    求助的渠道和方法

第五章 压力之下··················55
    应对压力

第六章 不止担忧··················79
    关于焦虑

第七章 心情有点"丧"················93
    郁闷与抑郁

第八章 关于身体···107
　　　身体畸形恐惧症

第九章 最后的禁忌？···125
　　　自残与自杀念头

第十章 精神疾病··137
　　　人格障碍

第十一章 醉生梦死···149
　　　关于成瘾

第十二章 拥抱生活···169
　　　逐渐康复

第十三章 给家长的建议··177

后　记···181
参考文献···183
小测试答案···184
作者致谢···185

警告：

此处有触痛警告！
这是一个关于触痛警告的触痛警告。

触痛警告

这本书是一个潜在的、威力巨大的大型"触发器"。书中的每一页都能引起一些读者的共鸣。本书的目的在于促使你去思考、去感知自己的心理健康与情绪康乐问题,以及他人生活中不时遇到的难处。

书中的一些内容读起来并不轻松,而如果你正处于其中提到的某些情况,你的感受更是可想而知。

然而,本书的一切内容都是十分必要的。我们无意于令读者烦恼或是难过。如果阅读本书让你感到不安或脆弱,这情有可原,也很正常,可能你还未调整好心态来处理此类信息。

不过,被触痛的你或许更需要阅读本书,因为它旨在提供帮助。书中收录了数十个鼓舞人心的故事,这些故事的主人公和你一样,为情绪康乐问题所困扰,并最终挺了过来。

朱诺·道森

奥利维娅·休伊特

第一章

让我们来谈谈……
让我们敞开心扉,谈谈心理健康问题

让我们来谈谈……

上学时,算得上"侏罗纪晚期"[1]了,我和朋友们迷上了图书馆里的一系列大开本精装书,书名是《让我们来谈谈》(*Let's Talk About*)。每一册的封面设计都差不多:一名正值青春期的少男或少女穿着夸张的20世纪80年代的衣服(滑稽的是,今天的潮人们穿的衣服就是那样),正用手做着某事。

在《让我们来谈谈抑郁》的封面上,一名女生正用一只手舒展着因悲伤而紧皱的眉头。在《让我们来谈谈厌食》的封面上,一位女生正嫌弃地用手推开餐盘。在《让我们来谈谈离婚》的封面上,经历着父母吵架的女生正用手捂住双耳。而在较为冷门的《让我们来谈谈精神分裂》的封面上,手,无处不在。

那是些很严肃的书,谈论的也是些严肃的话题。而你正在看的这本书大体是《让我们来谈谈心理健康》。现在,我们来拍摄封面吧。你可以用手做任何你喜欢的事情。三——二——一,咔嚓!

---

1 对作者而言,学生时代已经很遥远了,因此用"侏罗纪晚期"来进行一个夸张的表达。——编者注

"丢人"的疾病

你有没有注意到，有些疾病比另一些更容易让人开口谈论？手脚骨折（当然也瞒不住）往往伴随着令人捧腹的滑雪趣闻，流感和宿醉后的犯蠢是玩笑逗趣的谈资，有些出了名的宿醉糗事更是宛如荣誉勋章一般。

但谈及癌症、艾滋和中风等大病，人们慎之又慎；而那些涉及排泄物的隐疾，谈论起来不免粗鲁。这些不仅让当事人尴尬，其他人想必也不愿意在饭桌上听到。

不过，也许最难让人开口的还要数精神疾病。我们很乐意请人在石膏绷带上签个名，或让人捎上一盒感冒灵，但你很少听到人们谈论他们的心理健康问题。一旦谈及，他们不仅难以博得同情，反而会被认为是软弱无能、无病呻吟；更甚者，会被看成潜在的"开膛手杰克"。

你有没有听过这么一句话，"松鼠不过是公关过硬的老鼠"[1]？如此说来，精神疾病早就该聘请个时髦的公关了。人们不乐意像谈论流感一

1　Squirrels are just rats with better PR，英语俚语，用来强调公共关系对声誉的重要性。——编者注

样谈论他们的心理健康问题，或多或少是出于礼貌（好比谈及腹泻或鹅口疮时，大家也会感到不自在）。不过，还有另一层原因：心理健康问题的公众形象实在是太差了。

回忆一下，上次你在报纸或电视上看到的有关精神疾病的报道，内容是一个发狂的疯子挥舞着斧头，还是一个飞行员驾驶喷气式飞机撞到山上？是备受关注的名流自杀，还是在肮脏的精神病院内上演的闹剧？我上网搜索了一下"关于精神疾病的新闻"，前十条结果都与刑事案件相关，无外乎精神病人犯事了。

如果两个不相关的概念时常被放在一起讨论——就像刚刚提到的媒体偏见那样，在人们的意识当中，它们就纠缠不清了。显然，并非所有的精神病人都会犯罪或自杀，但你也能明白人们为何会将这二者联系在一起。

该问题的基本事实是，一些疾病比另一些更"丢人"。

我们都需要更加坦诚地看待自己的心理健康问题。目前的统计数据（还会有更多数据源源不断地冒出来）表明，一年中，有 1/4 的人会遭遇某种心理健康问题。而且，如果我们足够诚实，这个数据很可能是百分之百。

注意我的用词，一年是很长的时间。在过去的十二个月里，有谁敢说自己不曾有过焦虑、悲伤、担忧、愤怒、疲惫或情绪化的时候？不好意思，要是你回答没有，那么我认为你在说谎。当真？当真？当真？

不知这个问题是否源于归咎。一些疾病被冠以不同的污名，而污名往往源于归咎。20 世纪 90 年代的长篇喜剧《铜眼》（*Brass Eye*）用"好艾滋"与"坏艾滋"讽刺了媒体对于感染源不同的艾滋病的区别对待：

好艾滋是通过输血感染的,而坏艾滋则离不开性行为和毒品。我们越是苛责一个患病的人,他们就越会感到羞愧,进而陷入沉默。

没有人因患流感或癌症而受人责备(除非你有烟瘾,这样一来你患的就是坏癌症)。然而,精神疾病不像细菌或病毒,能感染,会传播,患病原因自然就落在了患者身上。"他就不能开心点吗?""振作起来!""她为什么不多吃点呢?"有时候,由于精神疾病没有外部诱因,也没有生理症状,外人往往很难理解,尤其是当他们从未有过切身体会时。

或者说,他们自认为不曾切身体会过。由于媒体刻板地将精神病人刻画成身着约束衣并大吼大叫的疯子,很多人不愿意承认自己有精神疾病,这不足为奇。不过,要是我们所有人都时不时患病呢?

我不明白为什么形影不离的"生理健康"和"心理健康"时常被视作两个独立的概念。我们的大脑不是被绳子拴在身体上方的氦气球,身心从来都不分家。

无论生理健康还是心理健康,关乎的都是"我们的健康"。我更倾向于使用"康乐"(wellbeing)一词,因为"健康"总与医学思维联系在一起。

我们每天的康乐状态有点像手机上的电量。状态最好的日子里,电量是97%(因为我们难免会有点疲惫、鼻塞之类的)。要是得了感冒或者有点恶心,电量就掉到了50%或60%。此外,还得考虑心理健康状况。因此,要是得了肺病,电量大概是60%;不过,如果算上咳嗽一整晚后的疲惫不堪,就只剩35%了。

生理健康会影响心理健康,反过来也一样。试想大考临近,你超级紧张(电量70%),进而导致胃不舒服,电量一下就降低到55%。

我们的身心·感受始终是交织在一起的。

疾病感知因人而异。换言之,每个人的电量变成红色时的百分数不同。如果感知到自己生病了,我们便扮演起"病人角色"(sick role)[1],卧病在床。这个感知自己病了时的电量百分数,有的人是20%,有的人是35%,坚强点的则是10%。

实在遗憾,有些人只有在身体出现症状时才说自己病了,而对精神因素造成的损耗视而不见,尽管它们和身体疾病一样消耗着我们的电量。我们若是对包括精神因素在内的整体康乐状况持更开放的态度,就可以逐步消除对于心理健康问题的羞愧与耻辱感。

这也是本书的主要目的之一。我希望我们所有人都能对自己的心理健康状况畅所欲言,不再藏着掖着。此刻就去找你附近的人吧,去谈谈那些康乐状态低于50%的日子。我敢打赌,他们也会和你分享同样的经历。

---

[1] 美国社会学家塔尔科特·帕森斯(Talcott Parsons)在《社会系统》(1951)一书中提出的"病人角色"理论。——编者注

（如果暂时找不到人倾诉，你也可以先写下来。）

你可曾感到悲伤或是低落？跟我说说吧。

你为什么买这本书？

你和你的大脑

注意，接下来的内容就更复杂了。虽然我们都经历过情绪混乱或伤心难过的时期，有些人却深陷其中，走不出来。这就好比在高速公路的紧急停车处抛锚：既荒凉，又危险，还可怕。一段时间后，如果情绪仍然无法振奋，我们面临的就不再是"情绪康乐问题"，而是"精神疾病"。我们都有深陷其中的可能，但我们也具备奋力摆脱的潜力。

显而易见，我是一个作家，虽然也获得过……

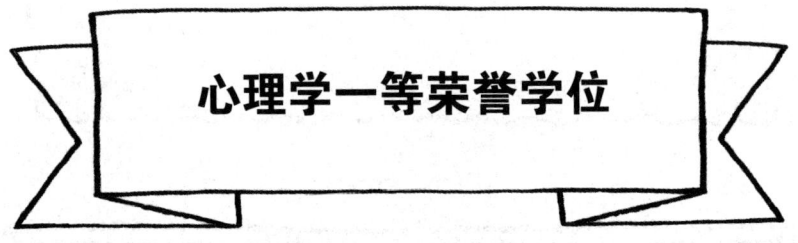

……对此我不无自豪，可我不是医生。

要是一位作家想给你提些心理健康方面的建议，你可要当心——没错，即便他自己也曾为这方面的问题所困扰。我也曾牙疼过，但你会张开嘴让我给你做根管手术吗？明白我的意思了吧？

大脑是你身体里最错综复杂、深不可测的器官，就连医生也不了解它的全部奥秘，不过他们懂的肯定比我多得多。我只是想在这里分享一下我的一些经验，以及一些有着类似经历的人们的故事，并鼓励你也勇敢地去倾诉和寻求帮助。

幸运的是，本书得到了一位真正的医生，即我的好朋友奥利维娅·休伊特的帮助。作为一名心理治疗师，她将解释所有的科学问题。请集中注意力！

奥利维娅医生如是说

为什么被叮嘱"控制好情绪"无济于事呢?正如一个小伙子所说:"我朋友让我振作起来,可当我解释说自己做不到时,得到的回复只是让我再加把劲儿。"

用生理健康来打比方吧,要是有人摔断了腿,走不了路,你会不会叫他们克服一下?加把劲儿,走走看?这根本行不通,因为这有违生物学常识。他们需要的是专业的诊断与治疗——石膏、拐杖、理疗。

同样,有心理问题的人,大脑内的化学物质会发生变化,从而影响他们处理信息的方式。科学家们已经证实,将完全健康的人置于一些心理健康问题的模拟情境中,他们脑内的化学物质也会发生同样的变化。例如,如果我们限制没有心理问题的人的食物摄入量,他们也会表现出一些与神经性厌食症患者相同的行为。

虽然有些人可以借助药物来调节大脑内某些化学物质的水平,但这并不意味着药物是唯一的解决方式。心理治疗可以传授一些技巧,以帮助我们的大脑重新掌握更加有益的信息处理方式。你可以称之为大脑理疗。

不要因为有个医生在旁听就退缩了。我来给你们分享一些奥利维娅的逸事:

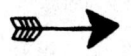 因躲在衣柜里抽烟,被女子寄宿学校开除。

 大学时,只披着条毯子在城里晃荡。没错,就是条毯子。

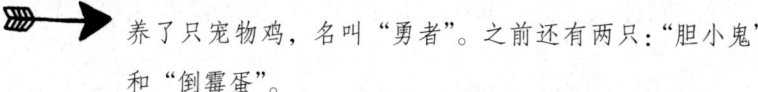 养了只宠物鸡,名叫"勇者"。之前还有两只:"胆小鬼"和"倒霉蛋"。

脑内化学物质新手指南

大脑是这个星球上最复杂的东西,它的运作原理还有待进一步探究。大脑内每秒钟会发生十多万个化学反应,也难怪有时要出点差错。

促使神经相互沟通的化学物质有多巴胺和血清素。血清素(serotonin)左右着我们的情绪——帮助我们感受快乐、减轻焦虑。多巴胺(dopamine)使人变得健谈和兴奋,也与各种上瘾行为有关。此外,还有内啡肽(endorphin),它能让人心情愉悦,于大脑应对疼痛与运动时产生。我喜欢把内啡肽想象成脑袋里的小海豚。

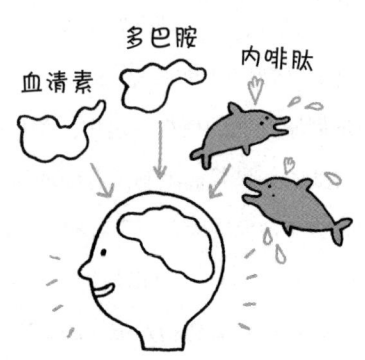

大脑内的化学物质会随着我们的环境、饮食、摄入的药物以及我们的行为(例如运动)发生变化。

我亦狂人

公平起见,我先分享自己的心理困扰。不然,我与其他人有何不同?过去,一说到心理健康,我首先联想到的就是抑郁或者一般意义上的难过,然后便自认为得以幸免,但事实并非如此。我很少感到难过并不意味着我没有心理健康方面的问题。不知还有多少人像我一样,患有轻度心理问题却毫不自知。

15岁起,我就患有肠易激综合征(IBS)。这又是一个人们不喜欢谈论的、丢人但非常普遍的病症。心理因素这会儿开始捣鬼了。患病后的那些年，我越来越焦虑；更糟糕的是，焦虑又使得疾病加倍恶化。

焦虑，当下虽盛行，却谈不上体面或讨喜。发作时，我感觉五脏六腑达到临界质量，皮肤快要被撑裂。我汗流不止，燥热难耐，呼吸困难，双腿发软，头晕目眩，无法站立，无法行走，感觉下一秒就要在公共场所大便失禁。

过了差不多二十年，我才意识到问题背后的心理因素。我的肠易激综合征是生理问题，没错。它因心理问题而加剧、恶化，也没错。

心身疾病（psychosomatic illness）：一组生理疾病，伴有因日常生活压力和劳累引起的心理健康问题。常见的例子包括腰痛、高血压和肠易激综合征。

这下你了解了，承认自己患有焦虑症是一种解脱，让我得以更好地应对自己的病情，关于这一点稍后会有详述。不过，我花了很长时间才搞清楚这件事，或许是因为之前我甚至不愿意去考虑我的病可能与心理健康有关。

本书旨在给予你足够的信心去寻求你所需的帮助，因为我们每个人一生中都会有需要帮助的时候。书中提供了有关接受和应对心理健康问题的建议和看法。你还会看到一些了不起的年轻人分享他们与心理健康问题的故事。

这不是一本自助书。我不喜欢这个词，况且每个人或多或少都需要一些外界的帮助。不过，我们也要先照顾好自己。对我而言，照顾好自己的第一步就是承认自己需要帮助。

另外，我也不喜欢太过严肃。想让人们对心理疾病和生理疾病一视

同仁,我们就无论如何都不该将心理疾病特殊化。如果我们能拿手臂骨折和拇囊炎开玩笑,抑郁症就不应该被排除在外。

要是你认为精神疾病令你与众不同,那你就错了。首先,患病的人千千万;其次,疾病也好,其他也罢,"受害者"这一身份并不能带给你力量。能给予我们力量的是挣扎求生与坚韧不拔。另外,幽默感也能让你更强大。虽说深陷抑郁之中,很难笑得出来,但如果能把捣乱的小鬼从脑海里揪出来戏谑一番,的确是恢复的一种表现。事实上,除非你能开口谈论自己的心理健康问题,否则我敢打赌,问题永远不会好转。

我无意冒犯任何人,但我也不会将精神疾病奉为宇宙女王,这根本无济于事。如果你喜欢将精神疾病这一标签贴在自己身上,我衷心地祝你好运,但我可不想因害怕大便失禁而一辈子不敢乘火车。因此,我想谈谈如何战胜它们。

第二章

调查统计
数据漫谈

调查统计

关于心理健康问题的数据不胜枚举。事实上,我敢打赌,它们多到仅是想拼凑出确切的数字都能把你逼出临床精神病。

你接下来看到的所有数据只起到一个作用:表明心理健康问题的普遍性。这未必是件坏事,因为我希望你明白,在这个世界上,你并不孤单。如果我们将有心理健康问题的人群看作一个连续统一体,一端是情绪有些低落的人,另一端是因健康不佳而丧失行动能力的人,其他人则介于两者之间,那么该人群的数量会比我们现在看到的更多。

除了官方数据,我们还开展了自己的调查,来看看人们到底有多"疯狂"。

首先是英国心理健康基金和英国国家统计局等发布的官方数据:

- ☆ 每10个青少年中就有1个确诊精神障碍,那么,在一个30人的班级里,确诊数字就变成了3。

- ☆ 约有1/15的青少年有自残行为。

- ★ 近8万青少年患有重度抑郁症。

- ☆ 在患有心理健康问题的成年人中,有超过一半在儿童时期就已确诊,然而他们中只有不到一半的人在当时得到了妥善的治疗。

- ☆ 3.3%的青少年患有焦虑症。

- ★ 进入青春期后,人们患上心理健康问题的概率较儿童时期有所增加。精神障碍在11~15岁的男孩和女孩中的患病率分别为12.8%和9.7%。

☆　6.4%的成年人出现进食障碍的症状，其中1/4为男性。

不要忘了，这些统计数据通常是基于住院人次和社会调查得出的，而这两者都是不可靠的。我一直认为统计数据只是冰山一角。并非说我自己具有代表性，但我从十几岁起就为焦虑问题而困扰，可直到去年才寻求帮助。我想还有很多人与我有相似的经历。

我们的调查

我和奥利维娅医生都对"真实"的情况感到好奇。你也知道,统计数据就像抹了婴儿油的鳗鱼一样令人捉摸不透,必须留个心眼。我们无从得知官方媒体口中心理健康问题统计数据的可靠性,尤其是当这些数据仅来源于接受过心理健康服务的人群时。

考虑到这一点,我们开展了自己的调查。同我们质疑官方一样,你也有理由质疑我们的统计数据。由于本书的主题是心理健康问题,在我们发出调查问卷时,那些利益相关的人(比如患者)无疑会是第一批做出回应的。因此,我们有意地将过去有或没有接受过治疗的人都纳入了调查范围。近一千人参与了调查,我认为结果很能说明问题。

- ★ 86.6%的参与者坦言,他们在13～19岁时经历了心理健康或情绪康乐问题。显然,这远远超过了官方披露的1/4。事实上,调查数据显示这个比例超过3/4。(也就是说,每4个人中就有3个人外加一条腿有过这方面的问题……)

- ☆ 在那些青少年时期遭遇过心理健康或情绪康乐问题的人当中,只有不到一半的人(43.5%)寻求过正式的帮助(例如,求助于医生、护士、老师或理疗师)。当然,这也意味着超过半数的人没有得到正式的帮助。

- ★ 然而,在遭遇过心理健康或情绪康乐问题的人当中,有68.8%寻求过非正式的帮助,如与朋友交谈、阅读书籍,以及求助于网络和聊天室。

- ☆ 在遭遇过心理健康或情绪康乐问题的人当中,只有22.6%曾通过药物治疗来应对问题。

- ☆ 约有1/4(24.8%)的人曾借助酒精或违禁药品来应对心理健康或情绪康乐问题。

结果不出所料。我们的研究但凡有点代表性，我或许就可以确定地说，**遭受心理健康或情绪康乐问题的人多到骇人，而他们中并非所有人都得到了所需的帮助。**

　　实在糟糕，对吧？

第三章

医生，医生！
我觉得我是一对窗帘！

关于诊断

医生,医生!我觉得我是一对窗帘!

正如我在第一章提到的,我们的康乐状态时时在波动。它取决于我们的整体健康状况、经历的生活事件和大脑内的化学物质水平。因此,我没法确切地说你应该在什么时候去寻求帮助。况且,健康(无论是心理还是其他)是一种个人体验,一些人会比另一些人更早需要干预。

每个人都时不时地需要帮助,以保持最佳状态。不论是焦虑不安时休个偷懒假(duvet day)[1],或是和朋友喝茶谈心、约个按摩,再或是和全科医生聊聊近来的低落/疲惫/焦虑,我们都离不开这样那样的帮助。没有人是一座孤岛。

你要是状态不佳,就有必要和别人谈谈。把一切埋在心里只会让事情变得更糟。

---

1 为减轻压力并经雇主同意的额外休假日,在英美国家较为普遍。——译者注

医学生综合征

我们得先聊聊这个话题。有记录表明,医学生易患上一种特殊的暂时性疑病症(hypochondriasis),即怀疑自己出现了目前所学疾病的症状。

心理健康问题也不例外。因此,在阅读本书或上网求助的过程中,你可能会忍不住从座位上跳起来大喊:"我找到了!这就是我的问题!"

但这不是本书的目的。

你不能替自己诊断,我也不能替你诊断,奥利维娅医生也不能,除非她给你面诊。

有资格诊断精神疾病的人只有全科医生、精神病医生和心理治疗师。下一章我们将详细介绍如何寻求医疗帮助。

如果你觉得本书中的故事和你的经历相符,这完全正常,也没什么好担忧的。不过,最好还是要防患于未然。求助的渠道很广,找个人聊聊吧。

你感觉如何？

初诊时，医生会借助一套高度综合的方法来评估你的心理健康状况，即《精神障碍诊断与统计手册（第5版）》(*Diagnostic and Statistical Manual of Mental Disorders, 5th Edition*)，简称"DSM-5"。为了使医生正确诊断病人，此手册的内容庞杂而全面。并不是某人说他情绪低落，医生就能给出明确的诊断，这个过程要复杂得多。

重要的是要记住，每个人都有糟心的时候：或是因公交司机没有等你而生气窝火；或是在疲惫不堪的日子里，边看公益广告边流泪（我时常被触动）；又或是翻手提包时，找不到任何值钱的东西。这些都不能说明你有精神疾病，尽管你的康乐状态有所降低。然而，这样的时候多了，难免感到焦虑、担忧或沮丧。

医生想要了解的是这种情况持续多久了。这里有一份非常基础的问卷，可以引导你反思过去两周里的情绪状况。

（请按照你的情况，给自己打分。）

1. 过去两周里,你对平时喜欢做的事情丧失了兴趣。

1　2　3　4　5　6　7　8　9　10

不符合　　　　　　　　　　　　　　　　符合

2. 过去两周里,你感到低落、消沉、绝望。

1　2　3　4　5　6　7　8　9　10

不符合　　　　　　　　　　　　　　　　符合

3. 过去两周里,你夜里失眠,白天起床困难。(即使是在不上学的日子里!)

1　2　3　4　5　6　7　8　9　10

不符合　　　　　　　　　　　　　　　　符合

4. 过去两周里,你总是缺乏活力,感到疲惫不堪。

1　2　3　4　5　6　7　8　9　10

不符合　　　　　　　　　　　　　　　　符合

5. 过去两周里,你食欲不振或安慰性进食[1]。

1　2　3　4　5　6　7　8　9　10

不符合　　　　　　　　　　　　　　　　符合

1　Comfort-eating,指为了回应消极情绪而不是由于饥饿感进食。——编者注

6. 过去两周里，不论工作、家庭或是学业，都让你感到挫败。

1   2   3   4   5   6   7   8   9   10

不符合   符合

7. 过去两周里，你很难集中精力，甚至连电视也看不进去。

1   2   3   4   5   6   7   8   9   10

不符合   符合

8. 过去两周里，你的言谈举止发生了改变：不是迟缓怠惰，就是躁动亢奋。

1   2   3   4   5   6   7   8   9   10

不符合   符合

9. 过去两周里，你设想过自残或自杀。

1   2   3   4   5   6   7   8   9   10

不符合   符合

10. 过去两周里，你的情绪使得你很难开展正常的日常活动。

1   2   3   4   5   6   7   8   9   10

不符合   符合

好，现在回过头再做一遍，不过不要那么小题大做。

开个玩笑！

现在把你的分数加起来。假设你非常诚实（毕竟谁会看你的分数呢？），你的得分应该在 10~100 之间。我估计大家基本都在 20~30 分之间，不过，要是你的分数高于 50，你能说出为什么吗？你是否正处于我们提到过的那些糟心的时候？不管你喜欢与否，难熬的日子有时能持续两个星期以上。要是遭遇分手之类的事，我敢说，你的分数肯定超过 50。

可是，你要是不能对应到具体某件事，或者找不到感觉如此沮丧的原因，或许是时候关注一下你的精神康乐状况了。隔两周再做一次这份问卷，有什么变化吗？情绪持续低落显然会使你的生活和整体健康产生连锁反应。

可能你此刻需要的只是喝杯茶、做个按摩，或放几天假，但也有可能你该寻求帮助了。很快你就会读到，可供寻求的帮助其实很多。

15岁那年,我同抑郁念头苦苦抗争,却不敢告诉任何人,怕他们觉得我很怪异或者在无病呻吟。因此我在互联网上,尤其是社交媒体网站上看了很多相关信息。网上说,除非有医生亲口告诉你,否则你不可能得抑郁症。这令我更不敢去寻求帮助,唯恐因自己的愚蠢而遭人耻笑。

——利安娜,19岁,来自英国苏格兰

人们常说,自己的忧虑还没有严重到需要就医的地步。简直是无稽之谈!如果你感觉不舒畅有一阵子了,不论症状如何,合格的医生都会认真倾听、尽心诊治。

关于诊断,我再唠叨一句。被告知患有糖尿病并不能降低你的血糖水平。同样,得到医生的诊断也不能减轻焦虑或令人心情舒畅。诊断是真正艰苦工作的开始。

最后,不是每个人都需要诊断——可能诊断完了你根本没什么毛病,也不是每个人都需要正式的医疗干预。获得帮助的方法和途径是多种多样的。

第四章

帮帮我!
求助的渠道和方法

帮帮我!

首先明确一件事:寻求帮助并非软弱的表现,也无须因此感到羞愧;事实上,这是我们人类所做的最勇敢的事情。承认问题存在,然后接受帮助,这并非易事。

如果你回到第三章,看一眼我们的小问卷,你会发现最后一条是:**过去两周里,你的情绪使得你很难开展正常的日常活动**。这条非常关键。如果你的情绪让你无法正常上班、上学、会见亲朋好友,甚至起床洗漱,或许是时候寻求帮助了。

也许最难的就是承认我们需要帮助。我本想说"承认我们有缺点",但转念一想,在必要的时候寻求帮助实则是强大和睿智的表现。自满和固执才是真正的缺点。

承认问题的存在可能需要花费很长一段时间,更别说寻求帮助了。永远记住,你不会因手臂骨折而难为情,同样,你也无须为精神问题而

羞愧。

真不对劲了？好吧！我们该怎么办？什么，你说坐视不管？有时候问题确实会自己消失，不过你打算抱着这样的期望逃避多久呢？

寻求帮助才是更明智的做法。帮助的方法和途径是多种多样的，我们可以把它们分成"非正式"与"正式"两类。

非正式帮助	正式帮助
朋友	你的家庭医生（全科医生）
家人	精神病医生／心理治疗师
网站	药物
其他患者	理疗师／心理咨询师
书本、影视节目	老师
自助	校咨询师
	慈善机构
	社会福利工作者

如你所见，这两类帮助唯一的区别是一类是专业的，而另一类不是。有些人靠非正式帮助就足以熬过一段痛苦的时期。可是，第一栏中的帮助毕竟是非专业的。虽然我们都需要建议、关心和爱护，可大多数时候我们（包括我自己）压根儿不知道自己在说些什么。而且，第一栏内的帮助很可能会引导你到第二栏，不要忘了这一点。

非正式帮助

大多数人在感到脑子快要"发霉"时,第一反应是求助信赖的人,这确实不失为一个好主意。我会求助我的密友,你可能会找你的朋友、家人,甚至老师。

写下五个你感觉可以信赖的人的名字:

1.

2.

3.

4.

5.

家人与朋友

不论是否接受正式治疗,我们都需要亲人和朋友的帮助。唯一的问题在于,遭遇心理危机时,我们可能会觉得所有人、所有事都在和我们对着干。

事实也许不是这样。

好消息是,即使你真的找不到一个可以依靠着哭泣的肩膀,第二栏里的专业人员也可以有偿为你提供帮助。

不过,拥有支撑你渡过难关的亲人和朋友还是幸运的。卸下心中的包袱,向善于倾听的耳朵一吐胸中的不快,能让你舒畅不少。记住,每个人都会有难过的日子。我们迟早需要喝杯拿铁,痛痛快快地哭一场。

而且，我们都在轮流扮演着倾听与倾诉的角色。如果此刻需要帮助的是你，我敢打赌，你将来也会给予别人帮助。如果你向一个朋友敞开心扉，吐露难处，他也很可能会向你倾诉。

有时候，拥有倾听你的人，或是得知有人与你有过同样的经历，是非常治愈的。单是知道"自己是个正常人"就是一剂良药。所以，听着：不论你正在经历什么，你百分之百是个正常人，因为"正常"是个想象出来的理想状态，现实中并不存在。无非是这山望着那山高，看着别人，羡慕他们的生活。然而，猜猜怎么着，他们也在羡慕你。

其实，寻求非正式帮助已经是向接受更正式的帮助迈开了重要的一步。可是，有时候，我们就是需要接受正式帮助的"许可"；家人和朋友"修"不好你——事情不像你想的那样简单。在那辆叫作"你的生活"的小车里，你才是司机。

网站与在线论坛

你也知道，不舒服的时候，上网搜索一下自己的症状，几秒后，你就几乎认定自己染上了埃博拉病毒。尽管知道网络并没有那么靠谱，你还是禁不住把它作为解决任何问题的第一选择。它触手可及，求助还完全匿名，你怎能不为所动呢？更别说那上面有的建议看起来既正规又正确得近乎完美。

嘿，但它们也只是看起来完美而已。

那些东西谁都能写。说不定作者就是你奶奶。

如果我奶奶要写一个关于抑郁症的网页，她会建议你擦亮双眼，仔细甄别。

我想说的是，网站的有效性和可靠性参差不齐。英国国家医疗服务体系（NHS）内有一些不错的资源。这些网站确实可以帮到你，并且在你需要的时候告诉你上哪儿寻求进一步的帮助。

快看！有个有用的网站！

英国慈善机构青年网（YouthNet）下的 TheSite.org 网站致力于为16~25岁的年轻人提供信息和建议，每年有超过100万的独立访客。作家霍莉·伯恩是该网站的人际关系专家，以下是她的话：

> 网站旨在帮助年轻人解决生活中可能出现的问题。我们有2000多篇文章，内容从心理健康与自我伤害到性爱与人际关系，再到学习与住房，应有尽有。我们还负责组织访客之间的讨论，并特

邀专家在线答疑。

我负责的板块是"关系问题"。在这里，年轻人可以询问生活中的任何关系问题——不论是有关男朋友、女朋友、监护人还是普通朋友，并在三个工作日内获得免费回复，询问内容严格保密。人们不会只有一个问题，因此我们会给出综合全面的解决方案；我们知道，如果患有心理健康问题，你的人际关系也会受到影响。万事万物皆有联系，并且人们偏好的解决方式也各有不同。

人们面临的问题往往令人尴尬，这就是他们上网寻求帮助的原因，因此我们承诺，一切都是完全保密和免费的。所有的回复内容均由专业人员和业内专家撰写。我们每天都在帮助别人：尽管由于线上形式的限制，并不总能亲眼看到成果，但很多时候，我看到 TheSite 挽救了许多人的生命。我们也改变了人们的生活：有时候，人们在找到我们时无家可归、意志消沉、意欲轻生，但是通过与 TheSite 建立联系，一段时间后，他们中的一些人成了同伴辅导员（peer mentors）。

互联网可以改善人们的心理状况，也可能使其恶化。对遇到心理健康问题的人而言，互联网有时是一个非常不健康的地方。不过，TheSite 提供了一个由专家团队运营和维护的安全环境，内有严格的审核与监管。我们为用户提供了一个学习和成长的空间，并引导他们明智地使用网络。

在应对心理健康问题时，线上支持不应取代线下援助。对等待援助或正在接受其他帮助的人而言，我们相当于他们的拐杖。我们也会指引用户去寻求更正式的帮助。我们甚至设有专门的页面来介绍如何求助全科医生。网络并不能解决所有问题。

重要数据：89% 的英国访客表示，TheSite 改善了他们对待自身处境的心态。同样比例的访客坦言，TheSite 让他们感觉更平静。

TheSite 是众多拥有审核和专业监控的网站之一，它很安全，并心系用户利益。虽然互联网的某些角落并不可靠，但如果某样东西能够帮助你，让你感觉更好，那么它必定有可取之处。我不想妖魔化任何对人们有益的东西。

网络的作用很大。在日记网站上，我不仅可以通过记录来宣泄，还可以用一种不尴尬、不害怕的方式结识许多有类似经历的人。

——苏菲，24 岁，来自英国伦敦

汤博乐[1]帮我弄清身上的症结所在：之前我只感觉自己有些不对劲，但从未听说过社交恐惧症。

——匿名，22 岁，来自葡萄牙里斯本

我理解大家想要借助论坛与社交媒体和有同样经历的人交流，因为渴望被理解是人类的本性。与有同样经历的人交谈或多或少有助于你理解自己的情况，当然也能减轻你的孤独感。

我的大多数朋友都是通过聊天室和论坛认识的，他们中的大部分有心理健康问题。他们对我的帮助很大，因为他们可以和我交流个人经验，并且在我精神状况十分糟糕的日子里一直陪伴着我。差不多

---

1 Tumblr，全球最大的轻博客网站。——编者注

五年过去了,他们仍会担心地问我一天吃了多少,仍会熬夜陪我聊天。我确实觉得这些朋友比正式帮助更有利于我的康复。不过,他们也有自己的问题,不能时时帮到我,有时甚至会帮倒忙。但总归是相互扶持的时候多。

——丹尼,19岁,来自英国北爱尔兰

不论对于何种心理健康问题,我们的目标都是减少它对日常生活的影响。如果社交媒体能让你过上更快乐的生活,我由衷地给它点两个赞。

不过,我确实担心一些论坛或网站有点像一间非常阴暗的回音室:在那里,一群有相似经历的人一起强化和美化着心理健康问题。而帮助——真正的帮助——恐怕不总是以赞同你观点的方式出现。因此,网络有时就像盲人引导盲人,起不到作用。

每天晚上登录博客网站帮助我坚持下来。每当回想白天的事情，我什么声音也听不到，只是恍恍惚惚地将它们打出来。事后想来，写网络博客并不是一个非常好的做法，我只是在逃避现实世界，可我也想不出其他办法。

——卡罗琳，32岁，来自英国伦敦

许多寻求帮助的人无法为他人提供帮助，这正是我对一些线上资源的担忧。

总的来说，在自残互助小组的体验是正向的，但由于我们讨论的一切都与自我伤害相关，这种环境本身就可能成为导火线。

——汉娜，30岁，来自英国布莱克浦

最突出的例子就是为神经性厌食症和神经性暴食症提供帮助的网站和论坛。我不是要指责这些网站和论坛的用户们。我们稍后会讨论到，进食障碍症非常复杂，非患者通常难以理解，因此还有谁比其他患者更适合倾诉呢？如果加入这些网站和论坛有助于患者采取积极措施来照顾自己的身心健康，倒不失为一件好事。可是，如果只是在这些地方炫耀大腿粗细和胸围，较量谁的节食时间更长，那就说不清用户之间到底是在"帮助"还是在"教唆"了。

教唆者（enabler）：怂恿他人做出消极或自毁行为的人。

或许你正处于这样一种情况：你暗暗地想要触碰那颗红色的自我毁灭大按钮——这表明你需要帮助，但那颗按钮显然不是正确的方式。

其他患者

兴趣爱好相同的人,不论是喜欢《神秘博士》(*Doctor Who*)、看书还是自我伤害,都在网上相会。

此外,他们还可以选择线下互助小组。有时,有相同需求的人会自行安排会面或参与 Mind[1]、Beat[2] 等心理健康慈善机构的活动。

和线上论坛一样,参与线下互助小组的优点是你可以认识一些理解你遭遇的人,因为他们可能也经历过同样的事情;缺点是,如上文所说,有时候"帮助"会变成"攀比",或者可能触发许多情绪。不过,在线下互助小组中,此类情况不太可能会发生,因为大家的目的都是康复。

书籍、电视剧和电影

如果你对自己的情况一无所知,那么遭遇任何一种心理健康问题都是可怕的。看到书或影视剧中有同样困扰的角色有助于你了解自己的状况,减轻孤独感。

大众文化产品对于心理健康问题的呈现,虽有很长的路要走,但目前正在改善。《钟形罩》(*The Bell Jar*)、《麦田里的守望者》(*The Catcher in the Rye*)和《普罗萨克王国》(*Prozac Nation*)等书籍已问世多年;近

---

[1] Mind 成立于 1946 年,是一家专注于精神健康的慈善机构,主要活动地点在英格兰和威尔士。——编者注
[2] Beat 成立于 1989 年,是英国领先的慈善机构,主要面向进食障碍症患者。——编者注

年来，《不再沉默》（*Speak*）和《说来有点可笑》（*It's Kind of a Funny Story*）等小说正以一种更现代的方式探讨青少年的心理健康问题。

相关的影视作品依旧少之又少，且多有刻板印象。不过，确实也有像《乌云背后的幸福线》（*Silver Linings Playbook*）这类将心理健康问题刻画得细致入微的作品。涉及强迫症的《都市女孩》（*Girls*）和涉及双相情感障碍的《国土安全》（*Homeland*）等电视剧也细腻地讲述了有关心理健康的故事。

然而，书籍、电视剧和电影的隐患在于，它们几乎将精神疾病刻画得令人心驰神往。显然，事实并非如此，那是个该死的噩梦。

我看书是为了寻求帮助。我的书单里不仅有与我的遭遇相关的专题书籍，还有帮助我暂时忘掉自身问题的趣味书籍。我在学校图书馆里偶然看过一本玛丽莉·斯特朗（Marilee Strong）写的关于自残的纪实文学作品《鲜红的呐喊》（*A Bright Red Scream*）。我深深地觉得这本书救了我的命。我第一次意识到这世上还有人与我有同样的遭遇，他们也像我一样将痛苦施加在自己身上。在相当长的时间里，那是我第一次感到没那么孤独。那之后，我会主动去找有关抑郁症和进食障碍症的书来帮助自己，教育自己。

——米歇尔，32岁，来自英国伯克郡

正式的玩意儿对我都不起作用。我不停地看书、听音乐，这对我的帮助比什么都大。

——匿名，24岁，来自英国伦敦

自我帮助

我所谓的自我帮助不是指读一些奥普拉读书俱乐部（Oprah's Book Club）的书籍（虽然那些或许也有帮助）。相反，这一小节讲的是一个人所能做的最重要的事情之一：照顾好自己。

我们曾探讨过生理健康与心理健康之间的联系。你将自己的身体照顾得越好，你的精神状态也会越好。感到沮丧时，我们往往最容易忽视身体，因此牢记这些基本需求至关重要。

1. 睡个好觉治愈（几乎）一切

改善睡眠小妙招：

- 尽量将你的卧室看成是一个舒缓身心的睡觉专用房间。减少卧室内其他活动的时间，并尽可能在卧室外使用电子产品。我知道你的房间是你的私人空间，不过你想让它变成忙碌嘈杂的社交中心吗？
- 下午4点以后避免摄入咖啡因。
- 每天按时睡觉和起床，周末也不例外。嗜睡和日间不规律地打盹儿都不健康。
- 万一你的夜间睡眠被打断，并且已经醒来

超过 20 分钟，那么起床，离开卧室一会儿，给自己倒杯牛奶，做些让自己放松的事，直到睡意再次袭来。

2. 让我们动起来

充足的证据表明，每天只需快走 30 分钟就能起到抗抑郁剂的效果。新鲜空气能治百病，我对此深信不疑，所以，穿上你的运动鞋，出门走走吧。

列举五个能愉快散步的地方：

1.
2.
3.
4.
5.

不过，记得避开悬崖峭壁和池塘水库。

开个玩笑。

也有证据表明，仅仅是置身大自然就能改善情绪。这不是很棒吗？

在第一章中，我们谈到了内啡肽（还记得大脑里的小海豚吗？）。运动时，大脑会释放出这类化学物质，使人心情舒畅。没有人比我更讨厌学校里的体育课，我能体会你的痛苦。但好在总有适合你的运动项目。要是不喜欢团队运动，你可以试试瑜伽、自行车或者健身房项目。有什么比拳击更解压呢？挥舞拳脚时，你还可以假装自己是李小龙。同样，你也可以假装自己是碧昂斯，跳个街舞。甚至遛遛狗、悠闲地游个泳，都能起到相同效果。

诚然，一个人在抑郁的时候，最不愿意做的就是上尊巴舞课，不过，一步一步来。哪怕是出门走走、去花园或在公园里坐坐，也比什么都不做强。

3. 饮食

饮食的关键是均衡、适度。只要适量，偶尔来点汉堡、可乐也无不可。忘掉那些节食狂热和饮食风尚吧，你需要的是包含所有食物种类的食谱：碳水化合物、蛋白质和脂肪，再加上大量的新鲜水果、蔬菜和水。

营养、规律的饮食有助于调节血糖水平，从而改善你的心情。我相信，我们都有过饥饿成怒的经历。

饿怒：一种只有在午饭前半小时有人责骂你时才会出现的愤怒。

许多研究都证明了这样一个观点：不良的饮食，不论是吃得太少还是吃得不健康，都会导致心情低落、注意力不集中，以及情绪易波动。

正式帮助

可是，要是你觉得向朋友发牢骚还不够呢？要是你感到生活中没有一个你可以信赖的人呢？要是他们善意的建议无济于事呢？网络是否让你感到手足无措？要是你实际上更倾向于正式的方式呢？

请记住，诊断无法让你感觉更好或更糟，也无法证实你的感觉，但是，与专业人士交流并正确认识自己的情况，多少能给你一点安慰。有必要重复一下：心理健康问题都是你大脑中的化学物质在捣乱。这不是你的错，没什么好羞愧的。

去看家庭医生

对大多数人而言，迈向正式治疗的第一步就是去看家庭医生。奥利维娅医生会详细介绍求医过程。

奥利维娅医生如是说

首先,你需要预约你的家庭医生。这无须征得父母同意,且医生必须替你保密[1]。独自去看医生没有最低年龄限制。挂号后,要是不想和平时的家庭医生交流,你可以让任何你喜欢的全科医生为你诊治。想要同性别的?年轻的还是年长的?平时的医生还是没为你诊治过的医生?你还可以请求两次预约,这样与医生交流的时间会更长。

由于心理健康话题难开口,你大可以让任何一个人与你同去,父母也好,朋友也罢。也可以将想要咨询的内容提前写下来,避免遗忘。

你的困扰是什么?有什么要咨询医生的吗?你想获得什么帮助?药物还是理疗?其实也不一定要想得那么清楚,只不过有些人确实清楚自己想要什么。

就医时,医生会问你一些问题,这个时候一定要诚实地回答。记住,他们什么没见过?你也可能遇到一个对你帮助不大的医生。这或许是因为他久未再受过培训,或是在处理心理健康问题方面缺乏经验。不要因此而抗拒就医,尽快换一个医生。找到一个你信赖的全科医生对所有健康问题都至关重要。

接下来会发生什么取决于你的这位医生、你向医生说了什么,以及你所在地区的医疗资源。

---

[1] 在与所有心理健康专业人员接触的过程中,保密性是有限度的。开始和他们交流之前,你最好先了解一下这些限度是什么。这些专业人员时常遭遇危险与伤害事件,因此如果他们觉得你或者他人可能受到伤害,他们往往会违背保密协定。——作者注

可能的结果有：

➢ 无须担忧！放心，你所描述的情况完全正常，虽然非常真实，但不是精神疾病的症状。然而，这并不意味着你得不到其他类型的帮助。例如，医生可能会建议你向学校的咨询师或校医寻求帮助。

➢ 等待观察。这时候，你的医生会让你过几周再来看看情况是否好转。

➢ 药物治疗。观察一段时间以后，医生可能会给你开些药。

➢ 医生也可能建议你咨询其他服务，如学校的咨询师、慈善机构或其他组织。

➢ 被转入儿童与青少年心理健康服务中心（Counseling and Mental Health Services，简称 CAMHS，详见下文）。

★ 如果你所在地区有基础保健服务机构，医生可能会推荐你去那里。这些机构同 CAMHS 类似，但更容易获得服务。

未满 18 周岁的患者将由 CAMHS 的专家团队负责。这是一个由护士、精神病医生、心理治疗师和其他专家组成的跨学科团队。候诊名单相当长，不易获得服务，但不要因此打退堂鼓。英国有些地区正在开设针对青少年的基础心理保健服务试点中心。

如果你被转到 CAMHS，他们可能会发给你一些问卷，以便更好地了解你的困难。也有可能让你预约心理评估，或者将你列入等候名单，给你寄一些自助材料。在这个阶段，有些人不需要进一步的干预就会好转。

一经接收，CAMHS 可能会给你提供一系列治疗，例如让你加入由专家指导的互助小组，请精神病医生为你开药，或是让你接受个人心理治疗。

满 18 周岁的患者可以求助社区心理健康团队，其运作方式同 CAMHS 类似。大多数成年人会被转到 IAPT（Improving Access to Psychological Therapies，心理治疗准入提高中心），各地叫法不一。该服务中心推崇谈话疗法而非药物治疗，不过这期间你的全科医生可能会给你开点药。

极少数情况下，状况非常不好的患者需要接受入院治疗，前提是患者接受过社区内的其他疗法。如患者未满 18 周岁，则由专门的青少年病房接收。

关于"强制入院治疗"的注意事项：极少数情况下，患者需接受强制治疗。这一过程由法律管控，有保障条款，以防遭不当使用。《精神健康法案》(Mental Health Act)中第二节的第二条和第三条规定了患者须拘留观察的前提条件，即只有当两位精神疾病方面的执业医生一致认为有必要强制入院治疗时才可实行，其他任何情况都不可以。

让我们梳理一下奥利维娅医生的话。

他们是谁？

全科医生：又称"家庭医生"，他们负责开药和建议你寻求更专业的服务。

精神病医生：受过医学培训的医生，专门研究精神类疾病，负责开药并提供治疗。

心理治疗师：非医学医生，不负责开药，但可以提供治疗。

如果你感觉不适有一阵子了，非正式帮助对你的作用又不大，那么就有必要去看医生，哪怕你不喜欢医院和诊所。我们说过很多次了，既然你不会拖着一条坏疽的腿到处跑，你也不该顶着一个坏疽的大脑。一些生理问题其实与心理健康问题有类似的表现。例如，甲状腺疾病或尿路感染的许多症状都与抑郁症类似。因此，在讨论精神疾病之前，应先排除这些病症的可能。

我们要减少关于精神疾病的羞耻感，同样，我们也必须努力消除对医生、药物和治疗的误解。这两者常常形影不离。

我很感激能遇到一位理解我并乐意及时提供帮助的全科医生。得知我还在专家的候诊名单上，他十分同情我，给了我一些阅读材料，并安慰我一切都会好的。他没让我吃药，说他相信我不需要依赖药物，不过也向我保证要是我觉得快失控了，他会随时给我用药。

——RJ，19岁，来自英国兰卡斯特

我的第一个医生笑话我，让我别再这么做（伤害自己）了。第二个医生理解我，给我开了药，让我去参加放松训练课，对我帮助很大。

——卡特里奥纳，31岁，来自英国苏格兰

治 疗

治疗的类型五花八门，如果一种不起作用，就换另一种。治疗的活动形式也多种多样：可以通过音乐、戏剧和艺术等。最常见的治疗方式是谈话疗法，可以小组谈话，也可以一对一。谈话疗法同样风格各异。你或许听说过认知行为疗法（CBT），它通过改变我们的看法和行为来改善我们的情绪。

试一下吧

想象一下自己在夜里被打碎玻璃的声音吵醒……

你认为"有人行窃"。这种可能性有多大？你有什么感觉？你会怎么做？

再想象一下自己在夜里被打碎玻璃的声音吵醒……

你认为"猫打翻了牛奶瓶"。这种可能性又有多大？你有什么感觉？你会怎么做？

不难发现，我们的想法会导致不同的情绪与不同的反应。这就是认知行为疗法所关注的——拆解破坏性的思维过程。它通常着眼于当前，又称"正念"（mindfulness），看看有哪些切实有效的改变可以帮助你改善情绪。

17岁时，我服用了针对抑郁症和精神病的药，影响了我的健康状况。有好几个月我都感觉昏昏沉沉的。断药后，我接受了认知行为治疗。它很有效，给了我信心，暂时缓解了我的焦虑。我已经能够使用治疗中学到的呼吸技巧来控制自己的焦虑情绪。

——奥利维娅，20岁，来自英国曼彻斯特

其他类型的疗法注重与咨询师建立安全的关系，并在咨询师的帮助下探索你的情绪，了解情绪波动的原因。

再谈谈集体治疗吧。有些人很害怕加入治疗小组，因为他们担心小组中其他人对他们的看法，或者觉得小组照顾不到他们的需求。其实，集体治疗十分有益。在这个过程中，你可以认识其他遭遇类似困难的人（从而减轻你的孤独和被孤立感），也可以从他们分享的方法和技巧中学到很多。此外，组内的其他成员可能在入组之初也很紧张，他们理解新人的难处，因此会对你格外照顾！

药物治疗

在某些情况下，全科医生或是精神病医生会给你开药。你可能听说过的一些常见药物有：

抗抑郁药：现代抗抑郁药，如百忧解和西酞普兰，属于选择性血清素重摄取抑制剂（SSRI），它们通过增加大脑中的血清素含量起作用。SSRI 也用于治疗焦虑症。不论是抗抑郁还是抗焦虑，SSRI 与其他类型的药物相比，可持续服用更长时间，因为它们不会产生依赖性。

苯二氮卓类药物：你也许听说过安定（地西泮片）或佳乐定（阿普唑仑片）。这类药物在短期疗程内可用于缓解焦虑，有依赖性。

安眠药：作用与苯二氮卓类药物类似，只能短期服用。你也许听说过佐匹克隆、扎来普隆和唑吡坦。苯海拉明等非处方药也可短期服用，疗程外服药需咨询全科医生。

抗精神病药：此类药物，如利培酮和阿立哌唑，可用于减少幻觉和妄想，但同时也会降低患者的情绪强度。

心境稳定剂：主要有碳酸锂，有助于减少情绪波动。

非处方药：一些患者会服用圣约翰草胶囊、睡眠安神片或舒眠安神片等非处方药物。不过，这些药物可能与其他药物相互作用，服用前最好咨询医生。

接受认知行为集体治疗期间,我又去看了医生,因为疗法不起作用。按剂量服药才真的有效。

——珍妮,22 岁,来自英国伦敦

抗抑郁药有助于改善我的精神状态,但无法从根本上解决问题。

——蒂姆,36 岁,来自英国伦敦

奥利维娅医生如是说

许多人担心一旦开始服药,要么一辈子离不开药物,要么性情大变。这大可不必。医生通常只会给你开短期疗程的药物剂量,其间你可以寻求其他帮助或学习新的应对技巧。

药物的类型五花八门,剂量也各有不同。找到其间的平衡需要花点时间。患者要是感觉自己的药物起了副作用,应去找全科医生复诊。

有些人确实患有长期的心理健康问题,需要依赖药物治疗。可即便是这种情况,专家也需要定期复诊并与患者商议,对药物的种类和剂量进行调整。

Young Minds 是英国唯一专注于青少年心理健康问题的慈善机构。在该机构的官网 youngminds.org.uk 上,有个不寻常的页面,内容是药物治疗及其对日常生活的影响(比如,药物会不会影响性欲或食欲?),上面还有许多个案研究供你阅读了解。

校内帮助

对许多年轻朋友而言，既然在学校里可以获得所需的帮助，倒也不必去看全科医生了。几乎所有学校都聘有医护人员或咨询师（中学也不例外）。

虽然他们不能像精神病医生或心理治疗师一样给你开药或提供专业的治疗，但我们大多数人也用不上这些。因此，校内专业人员还是非常有帮助的。

大多数情况下，他们允许你暂时放下功课，为你提供谈话治疗，并能体恤、客观地听你倾诉。

> 我们学校有个很棒的咨询师，从 16 岁起我就时不时去向他寻求帮助。坦白地说，和朋友或是家人谈心对我的作用一直不大。
> ——亚历克斯，18 岁，来自英国米尔顿凯恩斯

鉴于之前提到的原因，他们无法保证完全保密。此外，如果患者与咨询师或医护人员个性不合，咨询不一定有效果。

> 我总是哭，老师就让我去找学校的心理咨询师聊聊，可我觉得她太爱管闲事了。她追问个不停，非让我告诉她我 10 岁那年父亲去世的情形，还问我那天带了什么午餐。我什么也没带，她就说我得了进食障碍症。我当时觉得她一定是闲得慌。
> ——劳伦，23 岁，来自加拿大渥太华

除了校医护人员和咨询师，一名好老师也愿意花时间聆听学生的困扰。虽然只能倾听和提建议，但最重要的是，他们能提供切实的解决方案，来帮助你应对日常学校生活中的难题。例如，他们可能会同意你暂且把功课放到一边、帮你延后考试时间、允许你自由地赴约、为你推迟交作业的截止日期，等等。

最有效的是学校老师们给予的关心与帮助。他们时不时来看看我，为我增设特殊考场，给我充分的休息时间来控制自己的焦虑，防止惊恐发作。他们善解人意，我因精神疾病而无法完成考核，他们也愿意为我延期。知道学校这么关心我的健康，我才有勇气下床去上学。

——玛丽，18岁，来自澳大利亚

对一些青少年而言，社会工作者是另一条连接他们与正式帮助的纽带。社会工作者可以参与任何致力于儿童保护的机构。

慈善机构和组织

慈善机构十分贴心，为所有青少年提供了方便取用的自我帮助材料。心理健康网站在这方面尤其突出。

慈善机构不仅提供文字材料，他们还负责帮青少年求助者们找到他们所需的帮助。

第五章

压力之下
应对压力

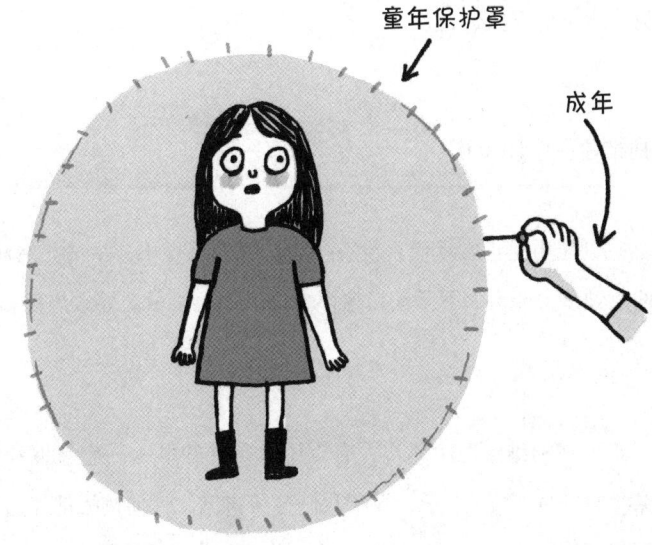

压力之下

压力很好理解，套个公式就明白了：

感知资源 − 感知需求 = 压力水平

因此，如果你觉得自己具备应对某种情况所需的资源，你就应付得来。反之，如果需求超过了你对自己能力的感知，你就会感到压力。哈，有趣的数学！

当然，生活事件和感知资源（例如，你内心能量的多少）起伏不定。也就是说，如果你本就不堪重负，平日里不会让你感到压力的事也会压垮你。讽刺的是，写这本书正让我"压力山大"，因为我同时在忙着另一本书的巡回签售。

奥利维娅医生如是说

感到压力是正常反应。没有压力，我们就做不成事情。然而，如果长期感到压力或者一下子面对诸多方面的压力，就会导致焦虑和失控。

正如奥利维娅医生所说，有点压力是件好事——它督促我们起床，确保我们按时上班/上学，提醒我们鞭策自己。任何挑战都伴随着压力，否则就不称其为挑战，不是吗？除非你只想过非常有限的一生，否则你难免要允许一些压力进入你的世界。这并不是件愉快的事，但人生本就不是永远愉快的。

霍姆斯和拉赫压力量表（未成年人版）(Holmes and Rahe Stress Scale)[1] 列举了以下压力最大的生活事件：

1. 父母/兄弟姐妹去世；
2. 意外怀孕/流产；
3. 结婚（说实话，我不明白为什么未成年人也为它发愁）；
4. 父母离婚；
5. 存在生理缺陷；
6. 父母入狱；
7. 同龄人矛盾；
8. 发现自己是养子（女）；
9. 朋友去世；
10. 父母再婚。

根据对个人生活的影响及其致病可能性的不同，每个事件都有其相应的"生活变化单位"（Life Change Unit，简称LCU，用以计算压力指数）。以上这些显然都是天大的事（当然，未成年人结婚可能是个例外），高居榜首不足为奇。但奇怪的是，紧随其后的竟是学业挫败、约会、未被心仪的大学录取，更有甚者，学业有成。不要忘了，压力是一种非常个人的体验：甲之蜜糖，乙之砒霜。

总的来说，我们都要面对压力，只不过大家的反应各有不同。

---

[1] 该表也称社会再适应评定量表（Social Readjustment Rating Scale，缩写为SRRS）。1967年由精神病专家托马斯·霍姆斯（Thomas Holmes）和理查德·拉赫（Richard Rahe）编制，该表研究了生活事件所导致的压力与疾病之间的正相关关系。成年人版包含43个事件，未成年人版包含39个事件，本书所列仅为部分。——编者注

压力长什么样？

一个人如果长期处于压力之下，会有很多不同的表现，例如：

行为迹象	生理迹象	情感迹象	认知迹象
多吃或少吃	疼痛	喜怒无常	记忆力下降
睡太多或睡太少	腹泻或便秘	暴躁易怒	注意力不集中
离群索居	尿频	焦虑不安、无法放松	犹豫不决
拖延或无责任感	消化不良	感到不堪重负	想法消极
通过喝酒、抽烟或吸毒放松	血糖变化	孤独与孤立感	坐立难安
有神经紧张的习惯（例如：咬指甲、走来走去）	恶心	抑郁	时常忧心忡忡
	头晕眼花	悲伤	
	胸痛、心跳加速		
	性欲减退		
	感冒频发		
	月经不调		

不要让任何人对你说这话,永远不要。青春期前后,你的身体和你大脑中的化学物质都处于一种空前的不断变化的状态,就好像一场邀请了所有人的荧光派对。此外,你每天都要参加一场疯狂的"学术竞赛",比《饥饿游戏》(The Hunger Games)有过之而无不及。青少年时期,真实的世界展露在你的面前。父母提供的保护罩会破裂,你会感觉你只能依靠自己。

要知道,这个时期充满着压力。

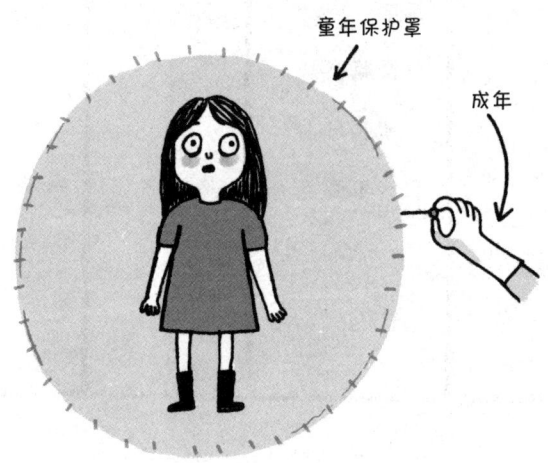

学业压力

读高中时，我非常焦虑。我十分关注自己的在校表现，也很认真，很在意自己的成绩。但回过头来想想，我之所以那么焦虑是因为我不想让别人失望。我觉得自己应该考好，否则会很难看，于是压力很大。每当考试临近，我都想躲起来；我会失眠，甚至会在凌晨3点起床整理房间，试图让自己冷静下来。有时，去上课或是做自认为完成不好的作业会让我焦虑到恶心，甚至生病，但我还是强迫自己去做。我无法忍受上交一些可能有错误的作业，因此常常"忘记"截止日期，从而和老师发生冲突。可惜我那时候并不想寻求帮助，因为害怕会被看作失败者。我感到自己完全被困住了，却又无可奈何。

——凯特，来自英国埃塞克斯郡

正如凯特所描述的，学校可能是一场非同寻常的噩梦，因为根据法律，所有年轻人都必须上学——可以说，你被困住了。回过头看看前文列出的那些压力最大的生活事件，你会发现成绩好或是不好并没有差别——去上学这件事本身就让人感到压力重重。

其实，学校生活中的部分压力是有意为之的。让我告诉你还有什么会让你压力很大——工作。因此，学校里的许多组织要素（截止日期、准点守时、报告展示和时间管理）都是为了让你为成年后面临的压力做好准备。上文说到，压力是生活的一部分，要习惯它。可有时候，压力如果持续太久或是变得太大，就会让我们痛苦不堪。

学校里常见的烦恼：

- 考试成绩
- 学业挫败/分数低
- 令父母/老师失望
- 未进入心仪的大学
- 退学后只能在一镑店（Poundland）[1]里当收银员，因为在99便士店（99p Store）[2]里计算找零太具挑战性。

好吧，最后一个多少有点开玩笑，总结下来就是：我们害怕要是毕业时没有亮眼的成绩，未来的生活就会处处受限。

一派胡言！没错，学业有成可以为你打开大门，提供更多选择，但这并不是人生最要紧的，也不是最终的追求。如今，越来越多的职业和行业站出来拒绝流水线式教育培养出的"人才"，主张寻找有活力、有个性、有创造力、思维敏捷的问题解决者。

我估计，我的成就有一半得益于懂礼貌、有魅力和口才好，而这些是我奶奶教我的，跟学校没有关系。不错，这些都是"可迁移技能"——礼貌、守时、谈话技巧和老式的刻苦。

你也知道，考试可以重考，大学也可以通过补录程序进入。但有个秘密一般人不会告诉你：如今取得学位的人那么多，他们之间其实没有太大差别。很多时候，你在哪儿上的学、学的什么并不是那么重要。

---

1 英国最大的连锁便利店，几乎所有商品的售价都为1英镑（约合人民币8元）。——编者注

2 英国平价便利店之一，店内商品售价比一镑店稍低（1英镑=100便士）。——编者注

就个人经历而言，我之所以学心理学是因为当时我不知道自己想干什么。我怎么会知道呢？我才 17 岁，他们就指望我做出人生的决策？他们觉得这是个好主意，可他们到底在想什么呢？21 岁时，我觉得教书看起来是个有趣的职业，于是攻读了教育学的研究生。又过去了八年，我才意识到自己真正想做的是写小说。所以，没有规定说你必须在什么时候弄清自己想成为什么人或者想做什么事。松开油门！你还有大把的时间。

> 我觉得任何低于 A 的成绩都难以忍受。尽管父母很支持我，为我感到骄傲，可我只把自己的成绩看作"理应如此"，如果我在任何事情上表现平平，那么在我看来，就是失败了。
>
> ——匿名，22 岁，来自英国加的夫

你的父母和老师呢？父母当然盼着你成才，但他们也希望你能快乐、健康地成长。要是知道让孩子承受巨大的压力会给他们的身心造成什么样的影响，任何一位家长都不会这么做的。可你得告诉他们这些，父母又不能未卜先知。

老师也一样。大多数老师都非常关心自己的学生，希望他们充分发挥自己的潜力。然而，请注意，人们对学校和老师的评价离不开他们的工作表现。事实上，他们的工资和你的成绩是挂钩的。在这种为政治所驱动的系统中，分数成了评价学生的唯一标准，这毫无益处。一味想要提高标准的政治家们可能没有意识到他们在拔苗助长。听着，你的健康比你的成绩更重要，永远如此。

我是完美主义者，也因此考上了名牌大学，在校成绩总是高于平均水平。可面对打电话、找工作之类的事，还是很苦恼。

——艾伦，18岁，来自英国邓迪

学业有成
关于健康复习的建议

☆ 大脑只能集中工作20分钟左右，因此盯着同一张纸数个小时并不能让你学进去任何东西。每半个小时休息一下，或转移一下注意力吧。

☆ 提前制订一个合理的复习时间表。这不仅可以让你那些精美的文具派上用场，也有助于你把工作分成可应付的小块。每天晚上完成两到三份半小时任务，坚持三个月，比考前一周每天复习六个小时有效得多。

☆ 严格按照时间表复习备考。不过，出了点偏差也别太在意。如果你想休息一晚，那就休息一晚。

☆ 确定自己喜欢的复习方式——你可以挨个尝试下列方式，直到找到一种适合自己的。

☐ 看书；

☐ 朗读笔记并录下来，然后听回放；

☐ 重写笔记，直到理解；

☐ 设计小练习，让家人和朋友来考考你；

☐ 结合运用以上方法。

☆ 吃好睡好、勤锻炼、呼吸新鲜空气。

☆ 不要临时抱佛脚。如果考试那天早上你还没掌握某些知识点，死记硬背也无济于事。冲个澡，吃个简单的早餐，精神饱满地去考试。

☆ 考完以后，对答案、试卷分析这种"事后反思"行为会让一些人感到"压力山大"。反正也改不了答案，不如赶紧离开考场。

接下来（第68—69页）你会看到一张合理的复习时间表，应该能帮你度过最艰难的考前复习阶段。拿去扫描或影印，并添加自己的复习科目。

注意：你不一定要将星期六作为休息日，只不过我选了这一天。每个空格代表大约30分钟的学习时间——记住，超过这个时长，你就无法很好地集中注意力了。在周末或是没课的考前复习周，你可以上午用一张，下午用一张，时段还可以再细分。

休息时间做什么取决于你。我当时是泡一杯茶，看一集《飞天小女警》(The Powerpuff Girls)。不管心情多糟糕，我都建议你站起来，走动走动，呼吸一下新鲜空气，上个厕所，这样大约20分钟后，你又可以投入复习了。

另外，你真的要让干扰你的东西出现在学习环境中吗？不得已的情况下，拔掉路由器。我懂，我也经历过。

交友问题

我和朋友们相处得很不愉快，他们让我觉得自己一无是处。倒不是说经常发生，但有的时候，他们会说一些"你脸上的痘痘像是要攻击我"之类的话，让我非常受伤。

——夏洛特，17岁，来自挪威

对于同龄人矛盾在压力表中排名如此靠前（第七位）这事儿，我一点也不惊讶。在学校里，除了学业压力，年轻人还有一大堆社交问题需要解决。很多问题都源于彼此距离太近：一个狭小的空间里挤了太多年轻人。在任意一个教室里放两个摄像头，基本上就能拍一部《老大哥》(*Big Brother*)[1]了。

此外，校内竞争也相当激烈。你既要博取老师的关注，还要获得男生女生的注意。虽然人是社会动物，但我不确定一大群人挤在如此狭小的空间里是否合适——看看监狱等其他机构吧，等级制度和竞争关系的形成在所难免。

以我当老师的经验来看，这些制度和关系既复杂又牢固，且具有破坏性。男生的体系相对简单：通常是最强壮的占据主导地位，闲话与算计并不流行，不过千万别觉得这两点是女性独有的特质。女生的圈子往往复杂得多：比起力气，更多的是一场意志的较量。对立的双方争夺拥护者、争取男生或抢夺物品。女生对自己社会地位的上升或下降尤其敏感，这会让她们压力重重。

---

[1] 1999年诞生于荷兰的一档真人秀，节目组安排一群陌生人住进一个屋子中，他们24小时处于摄像头之下，选手之间投票决定去留。——编者注

日期	考前一星期	
星期一		
星期二		
星期三		休息时间
星期四		
星期五		
星期六	休息日	
星期日		

休息时间

如果简单地把这些统称为"交友问题",就忽视了压力背后的巨大诱因。青春期的我们,不再仅仅着眼于家人,而是将朋友和人际关系看得愈加重要。

我在国外待了一年,回国后转到了一所新学校。和老朋友的交情淡了,也交不上几个新朋友,我感到非常孤独。不仅如此,每当计划落空或别人抽不出身陪我时,我就莫名其妙地心烦意乱。其实我知道这不可理喻,可我无法阻止自己感到越来越懊丧、愤怒和孤独。我会坐在某个地方哭上几个小时,疯狂地想摔东西来发泄自己的沮丧情绪。平静下来后,我又只想埋头大睡来逃避。

——汉娜,来自英国伦敦

解决同龄人矛盾及其造成的压力绝非易事。这个问题的核心在于,一个人永远不属于另一个人,而朋友的归属往往是矛头所在——"你是我的朋友,不是她的!",诸如此类。

朋友来来去去,这不是某部电影或某本书的热门主题,而是冰冷残酷的事实。有些友谊非但无益,反而有毒,更没有什么朋友值得你为之损害健康。还有,你总会交到新朋友的。你会的!随着你的变化和成长,你会去寻找兴趣、观点类似的朋友。在你十几岁、二十几岁的时候,难免有人来了又去,生活就是如此。

因此,不要害怕退出一个有害的朋友圈子。你唯一能掌控的人就是你自己。你要有趣、友好,更重要的是要善良。做到这些,你就会成为一个优秀的朋友,并且能够吸引其他有趣、友好、善良的人。不要让有毒的友谊害了你。

霸 凌

在关于霸凌的刻板印象里，总有光头的恶霸从烟雾缭绕的厕所里跳出来，把你的头按进马桶里，但这不过是虚构。大多数霸凌问题往往是在交友过程中形成的（详见前文），这使得霸凌情况变得非常复杂，因为它可能牵涉很多方面。不论是言语或身体攻击、爆料挑衅还是搬弄是非，一个人可能既是受害者又是施害者。

我也曾同时扮演过这两种角色。学校即地狱。

关于学校和老师如何定义霸凌，许多学生和家长仍存在误解。

霸凌有三种特性。

- **目的性：**存在动机。意外事件不能算是霸凌。
- **持久性：**这种情况一而再、再而三地发生。有时学生之间会发生言语或肢体冲突。当这种情况发生时，你应该告知老师，但这不是霸凌。可是，如果这类冲突总是针对同一个人，那么可以肯定他是被霸凌者。
- **权势性：**关系中存在权力不平衡。一个人很难欺负一群人。同样，一个八年级学生（年龄约为12~13岁）也很难欺负一个十三年级学生（年龄约为17~18岁），虽然不是不可能。你可以想象出，一群八年级的学生因体重问题欺负一个非常害羞的十三年级女生。这时，权力发生转移，可以定义为霸凌。

日期：
地点：
有谁参与：
发生了什么？
你做了什么？
还有谁看见？

如果你觉得自己正遭受霸凌，不要甘心做一个受害者。采取行动——你没有做错什么。虽然我总是说"告诉别人"，但我得承认当年我走的是"如果我保持沉默，事情就会过去的"路线。你猜怎么着？它并没有过去。选择保持沉默，你就把权力全都让给了霸凌者。"这是我们之间的小秘密"，在这种心态下，你也是同谋。而告诉别人——尤其是权威人物，当然朋友也可以提供帮助——你就从霸凌者手中夺回了权力。

最重要的是收集证据。记得我们说过霸凌必须具备持久性吧？那么，根据这个表格，把事实理清楚。表格可以复印或扫描。

把填好的表格交给老师或校内咨询师，他们不会忽视这样的证据。此外，这也能帮助你把事情梳理清楚。

男女朋友

在生活事件压力量表中，约会和分手的排名也很靠前。奇怪，本该给人带来快乐的爱情却让人如此心痛，可心碎是实实在在的。单恋已经够煎熬了，但即使那个人也喜欢你，通往真爱的道路也是坎坷的。无论是早期、中期，还是后期，恋爱的每个阶段都伴随着压力和紧张。

刚开始的时候，很多人夜不能寐，想知道对方是不是也喜欢自己，或者自己是不是真的喜欢对方。这是约会过程中再正常不过的环节。常见的表现包括焦急地等待对方回消息和过度解读表情符号的隐含意义。

如果你觉得这段感情压力太大，那它可能不适合你。正所谓，感觉对了，就是对的。莎士比亚或许说过，"真正的爱情，所走的道路永远是崎岖多阻",但他有些夸张了。实际上,如果这是一段对的关系,就不会,也不需要一波三折。

在一起一段时间后,如果你感到压力过大,这就是一个关键信号,告诉你或许是时候做些改变了。你们是否:

◉ 偷看对方的手机或邮箱?

◉ 担心对方做了坏事?

◉ 时不时"查岗"?

◉ 争吵或打架?

◉ 在言语或肢体上虐待对方?

一段不健康的关系会给你造成压力,影响你的整体健康。而没有哪一段感情值得你为之牺牲健康,永远没有。

不论是不是你提的分手,一段感情的结束都会给你带来巨大的伤痛。我们将在第七章里详细讨论这个问题。

性

性是压力的一大来源。不论你有没有性经验，性总是叫人伤脑筋。没有人生来就是性爱专家，不论他们在网上看了多少色情片——事实上，色情片可能会让人们对性充满误解。

年轻人担心性很正常，因为这是件复杂的事：性生活过少让人有压力（为什么没有人想要我？）；过多也让人有压力（别人会怎么想我呢？）。有趣的是，男生只有其中一种烦恼。

希望你的学校开设了严肃的性教育课程，能够回答你关于性的所有问题。希望你对自己的身体感到满意和自信（第八章中会有更多关于这方面的内容）。希望你明白，两相情愿的性行为是恋爱中很健康的一部分。希望你明白，男女双方都可以按他们认为舒服的频率享受自愿性行为，而不必担心被别人指手画脚。希望你明白，性生活和色情片里的完全不一样。

理解以上这些，应该能让你减轻不少关于性的担忧。如果把人们浪费在担心性生活上的时间、精力转化为能源，我们明天就可以停止开采石油和天然气了。

14岁那年，我第一次参加派对，第一次尝试喝酒。结果喝得大醉，和一个比我大很多的男性发生了性行为。我当时有男朋友。全校都知道了，上学路上，陌生人会冲我大喊"荡妇！"。一开始，我觉得真正了解我的人会知道我不是那种人，所以我也不在乎别人说什么，可慢慢地，我屈服了，觉得自己确实是个荡妇。

——劳拉，23岁，来自加拿大渥太华

这显然有问题。永远不要用"荡妇""淫妇""婊子""妓女"之类的词,不论你说的是谁。这些词都带有很深的性别歧视,而且如果有人这么说,大多是因为他们嫉妒,他们没人爱。

性少数群体(LBGTQ)

我因为性取向而受到霸凌。我自己也接受不了自己的性取向,主要原因是我无法真正理解它,也不认识任何我觉得可以或是想要与之谈论这些困扰的人。

——史蒂芬,24 岁,来自英国

世界上约有 5% 的年轻人,除了通常的约会压力,还要承担其他方面的压力。别误会,身为女同性恋、男同性恋、双性恋、酷儿与跨性别者并不是压力的自然来源。对很多人来说,认识自己的性别和性向是一个具有启发性的发现自我的过程。

而对于另一些人,自我认同与"出柜"的过程则伴随着巨大的压力。首先,性少数群体内的许多年轻人长期背负着这个秘密,而这本身就是一种压力。通过撒谎来掩盖自己的性向真的很累。

异性恋与顺性别者(非跨性别)永远没有"父母在他们出柜时大发雷霆"的担忧。他们不用担心因为自己的性取向或真实性别而被扫地出门,也不用担心恐同人群的谩骂。这些是实实在在的担忧,但它们非常少见——不错,有些父母需要时间来消化孩子的性取向,但几乎所有父母最后都会选择接纳。

令人难过的是,性少数群体和有类似倾向的年轻人普遍存在心理健康问题。性少数支持团体 METRO 在 2014 年的一项调查发现，在来自全世界的受访者中，42% 的性少数年轻人曾因抑郁或焦虑而求医，52% 曾自残，44% 有过轻生念头。而在异性恋与顺性别的受访者中，该比例分别为 29%、35% 与 26%。其他研究也显示了两类年轻人在药物滥用、无家可归和危险性行为方面的显著差异：性少数群体陷入这些情况的比例远高于异性恋与顺性别群体。

这些数据表明，性少数群体正不得不面临额外的恐惧。我们距离所谓的社会认可还有几十年的路要走。性少数群体依旧面临着被排斥、被抛弃与被孤立的恐惧。我多么希望此时此刻我就能告诉你，现在已经不是 1958 年了，不会有性少数年轻人遭到亲人的排斥，可这种事依旧在发生。

幸运的是，此事发生的频率并不高，即便发生，在时间的推移和多方努力下，一家人也通常会和睦如初。恐惧往往比现实更可怕，不是吗？可一旦恐惧开始诱使年轻人自残或轻生，它就变得无比现实。

听着，每一个了不起的性少数大人都曾经是个学习忍受恐惧的孩子。这种恐惧在你出柜前达到顶峰，接着，慢慢地、一天天地减少。这并不意味着出柜很容易，也不意味着出柜后就不会有心理健康问题，但请不要因此放弃。总有一天，你会惊讶于自己曾如此恐惧。

奥利维娅医生如是说

遭遇压力时，和别人好好谈谈也许可以带给你不同的视角和应对方法。你也可以把所有让你感到压力的事情写下来，看看有没有什么是你可以试着解决的。如果没有，那么压力再大也于事无补。如果有，想想能带来改变的小事，并把它写下来。一段时间后，你就能拥有一份关于应对压力的小方法的清单。

关注生活的其他方面也会有所帮助。运动、睡眠与饮食都与你的整体压力水平息息相关。

我曾写过一本《同志趣谈》(*This Book is Gay*)，探讨关于出柜的担忧，也许会对你有所帮助。不过，我可以向你保证，出柜是减轻压力的最好方法。然而一旦你开始约会，或许又会有新的苦恼。对很多人而言，出柜有点像撕开创可贴——会痛，但很快就会过去。

请放心，围绕性取向与性别认同的压力都是暂时的。俗话说得好，没有过不去的坎儿。

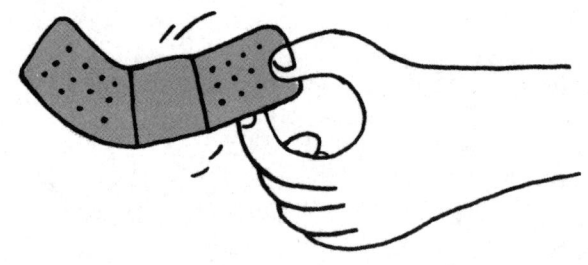

第六章

不止担忧
关于焦虑

不止担忧

担忧，不论你喜欢与否（提示：没有人喜欢），都是人之常情。学开车、赶飞机、赴约、临考——要是这些都不能让你感到紧张，能教教我是怎么做到的吗？

每个人在考驾照前都觉得自己可能真的会死掉，我希望这能给你些许安慰。别憋着，说出来！感叹一下"天哪，我真的要吐了！考前吃什么馅饼，简直是个天大的错误！"的确会让你轻松不少。笑声是除抗抑郁剂（无可厚非）外最有效的药。

然而，焦虑（并非普通的担忧）在年轻人中越来越普遍。焦虑与抑郁是当代社会最为人熟知的精神疾病。必须明确的是，担心考试与交友并不是焦虑。如今，人人都像赶时髦一样宣称自己有焦虑症，这让我很不理解。鉴于我自己可怕的焦虑发作经历，我向你保证，我甚至不希望它发生在我的死对头身上。

我们都有所担忧，也都会遭遇一定程度的"小焦虑"，可在什么时候普通的担忧会变成严重的焦虑呢？

奥利维娅医生如是说

焦虑是对恐惧的预知。人们会对各种各样的情况、想法或外物（甚至狗或蜘蛛）感到焦虑。

虽然焦虑对每个人而言都是正常的——考前谁不紧张呢？——可当焦虑恶化或持续了过长的时间，以至于影响到了日常生活，它就变成了一个问题。

我们之所以感到焦虑，是因为人体在察觉到威胁时，会释放一种叫作肾上腺素的激素。它让我们的身体做好准备，要么逃离险境，要么鼓起勇气应对危机。这通常被称为"战斗或逃跑"反应。然而，考虑到大多数人都不是吸血鬼猎人巴菲（Buffy the Vampire Slayer），我们并不需要过多的肾上腺素。过量的肾上腺素堆积在身体里会让我们感到不适，除非我们知道如何应对。

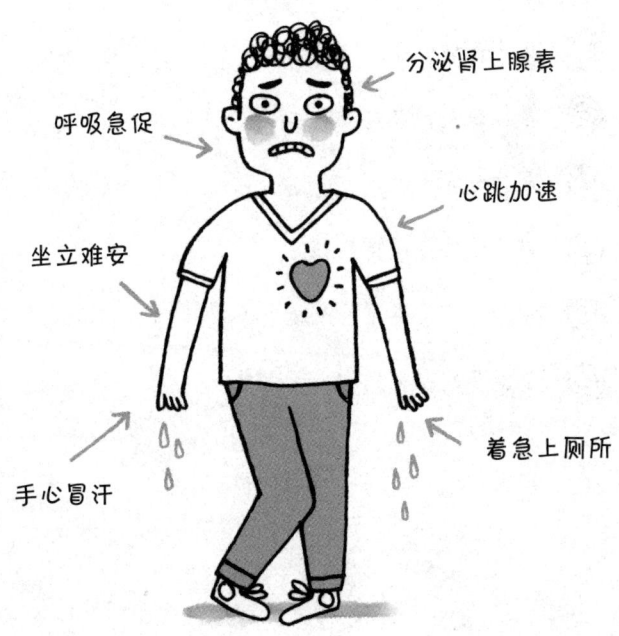

肾上腺素的生理影响包括：心跳加速、呼吸急促、手心冒汗、坐立难安和着急上厕所。

整个中学时代,每次去上学前,我都会觉得恶心、头晕和紧张。

——凯蒂,20 岁,来自英国利物浦

应对焦虑的方法不胜枚举,它们的目标都是让我们更好地化解担忧。当然,你可以上网咨询或是看医生,不过我这儿就有一个简单的小技巧。

试试看吧:
- 躺下,把手放在肚子上。
- 闭上眼睛。
- 慢慢吸气,坚持五秒。
- 屏住呼吸两秒。
- 再次呼气,坚持五秒。
- 你应该感觉得到肚子在上下起伏。
- 重复几次,直到你平静下来。

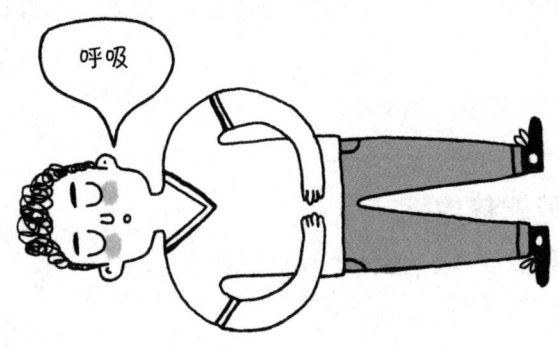

感觉如何？聚精会神地做一些简单的事情，比如呼吸，能让你理清思绪，避免焦虑加剧。由于焦虑是对恐惧的恐惧，分散注意力不失为一个好的应对办法。减缓呼吸频率会对人体产生直接作用，平衡血氧浓度。这样一来，过量的肾上腺素消散了，你就会从焦虑状态中恢复。

奥利维娅医生如是说

鉴于焦虑会促使人们逃避引起过度担忧的事物，对于被确诊为焦虑症的患者，常见的治疗方法是让他们接触害怕的事物。该方法仅在向患者传授一系列应对策略后，循序渐进地展开。接受这一疗法的患者得以直面他们的恐惧，并有能力控制他们的反应。

在认知行为疗法中，专业人士通常采用该方法来打破消极的思维模式。

不同类型的焦虑症
特定的恐惧症（Specific phobias）

人们可能对任何事物产生恐惧。注意不要把"不喜欢蜘蛛"与蜘蛛恐惧症混为一谈。真正的恐惧症对身体有很大的损害，并严重影响日常生活。

> 自打记事起，我就和生病"过不去"：我非常害怕自己得病，也怕看到别人生病。我以为所有的担忧和恐慌——手心冒汗、胡思乱想、头痛、紧张得肩膀和脖子疼——都是正常的，直到它们在我工作时危及了我的安全。那时我才意识到，我不能再假装一切正常了。
>
> 一开始是些小事：妹妹生病了，我却无法待在房间里照顾她。后来，我见不得电视、绘画或卡通片中关于生病的画面。我开始频频洗手。我会反复地闻和摸杯子，检查它们是否干净。经过医务室外的走廊时，哪怕里头没有病人，我也会屏住呼吸，生怕吸入细菌。穿过或靠近人群时，我也会如此。因为害怕有人酒后呕吐，晚上我不再出门喝酒，也不得不早早离开夜总会或酒吧。我也吃不得餐馆里的鸡肉，就算是在家里吃，也必须自己做或全程盯着别人做，之后还要彻底清洗所有用过的厨具。我不用餐馆提供的餐具，都是自己带一次性的。我就这样过了得有十二年，情况不断恶化，直到最

后恐惧和应激行为将我置于危险之中,我才不得不做点什么。

——RJ,19岁,来自英国兰开斯特

社交恐惧症(Social anxiety disorder)

症如其名,患者会害怕某些社交场合。这不是"在陌生人面前有点害羞"的问题,尽管有的患者在患病初期会有这种表现。消极的经历往往是担忧的根源,担忧会转为害怕,进而升级为焦虑。

18岁时,我得了严重的社交恐惧症,但没有被诊断出来。这导致我在进入大学后,恐慌严重到只要一想到去学校或是学校所在的小镇,我的手和胳膊就直发抖,感觉十分不适。

——希瑟,24岁,来自英国法夫郡

我的病其实也是一种社交恐惧症。我能出席一场500人的读者分享会吗?当然!我喜欢去巡回签售吗?当然!我极度恐惧在乘坐公共交通时突然内急吗?当然。你明白了吧?在伦敦的这几年,我的肠易激综合征恶化了。我从没有拉到裤子上,要是有我不会否认。可只要一想到我可能会这样,并且人们可能因此对我指指点点,我就会陷入盲目的恐慌之中,也就是接下来要说的——

惊恐障碍（Panic disorder）

如果怀疑自己没关烤箱或者感觉有点热，人们就会说自己惊恐发作了。然而，什么才是真正的惊恐障碍呢？

> **奥利维娅医生如是说**
>
> 惊恐发病急，反应剧烈，主要作用于身体。相较于焦虑的想法或担忧，惊恐发作的表现更多是生理层面上的，例如心悸、出汗、发抖、呼吸短促和胸痛。那感觉就像是身体出了什么毛病，因此惊恐发作时，人们常常以为自己得了心脏病或精神崩溃。

惊恐障碍与焦虑密切相关。对一些人而言，惊恐障碍会导致焦虑，因为他们时时担心自己要发作（从而更容易诱发惊恐发作），而另一些人的惊恐障碍则源于已有的焦虑。惊恐发作会导致一系列生理和心理上的消极症状：呼吸短促致使心率加快，从而加重患者的痛苦。这就是为什么惊恐发作时，第一时间的干预措施通常是呼吸练习，例如对着纸袋呼吸。注意：别把纸袋里的收据也吸进去了，还有千万不要用塑料袋。

场所恐惧症（Agoraphobia）

患者认为一些地方——有时是（但不总是）开阔的地方——存在

危险。场所恐惧症未必会像电视剧里展现的那般表现为害怕出门。

广泛性焦虑（General anxiety disorder）

焦虑症有个坏毛病——容易泛化。一开始患者可能只是惧怕某种特定的东西，后面往往发展为对许多其他不相关的事物产生焦虑。

强迫症（Obsessive compulsive disorder, OCD）

除了不停确认离家时是否关灯与洗衣服时一遍遍地加漂白剂，强迫症到底是什么？

> **奥利维娅医生如是说**
>
> 对实物感到焦虑好理解，但要是对脑子里的想法感到焦虑会如何呢？大多数人都有一些奇怪的、不合逻辑的想法。通常，我们注意到了，但不予理会，认为它们无关紧要。可是，强迫症患者不仅会注意到这些烦扰的想法，还会忍不住对它们采取行动。

试试将这个句子补充完整：

今晚，我希望

（填入一个亲人的名字）
遭遇严重车祸。

说实话，你做得到吗？不容易，对吧？虽然我们知道把名字写在空白处并不会导致车祸的发生，可还是做不到。这类想法被称为"奇幻思维（magical thinking）"。大多数人在童年时期都会经历这样的发展阶段。

一些强迫症患者总是试图消除这类想法，却总以失败告终。强迫思维或强迫行为的形式因人而异，可以存在于患者的脑海里，比如强制计数，也可以表现为具体的行动，比如反复检查。这些冲动不仅难以抗拒，还会对日常生活产生巨大的影响。

强迫症不是：

★ 洁癖

☆ 检查门锁

☆ 细菌恐惧症

★ 拥有整洁的工作室或削尖的铅笔

☆ 挑食

有些强迫症可能表现为以上所有或者某些行为，但肯定不止这些。

不过，要是动不动就嚷嚷着"我的天，笑死，我对羽绒被可是有强迫症的！"，那就完全没顾及真正患者的感受。

山姆的故事

山姆，18岁，来自肯特郡，从小就患有强迫症。

我常常重复自己的话。我说得很大声，大家都听得到，可不知道为什么我就是要再说一遍。我觉得这个毛病会伴我终生了。我总担心自己没有表达出想表达的意思，总担心还有什么可以补充的。这让我很是苦恼。

刚上中学时，我注意到了这个问题。那时候还小，没觉得困扰，但随着年龄的增长，我越发觉得这不太正常，也就越发沮丧，而沮丧又加重了我的病情。

我有很多无力打破的奇怪习惯。一个是反复洗手。另一个是醒来时必须做一些伸展运动，否则接下来一整天我都会很生气，仿佛在和自己怄气。最可怕的一个习惯是，我会十分在意地上的事物：路过某个东西时，如果眼角的余光瞥到了它，我就必须回头确认它到底是什么。有一次我往回走了好几百米，就是因为没办法视而不见。这习惯真的很怪异，也最让我妈妈担心。

因为压力、紧张和重复说话，我之前每周至少犯三到四次重度偏头痛。

我也遭遇了很多误解。很多人不理解我，为此我非常困扰。在学校也麻烦不断，因为我总是很生气，想控制又控制不好。有一年，我遭人排挤了三十余次。那是一段艰难的日子，因为不光我不明白自己怎么了，周围所有人都不明白，他们给的建议也无济于事。

那一阵，我还得了抑郁症，所以妈妈一直带我去看全科医生。有个医生没给我开药，而是建议我采取健康的生活方式。我们不得已去看专家，他说"哎，给他开点百忧解"，妈妈这才意识到病情的严重。她很沮丧，觉得没能为我做更多，或了解我更多，但她其实对我帮助很大。后来，我看了精神病医生，他是第一个理解我的人。

药物有点效果，当然也有副作用。吃了药总是饿，于是我食量大增，胖了不少。这一胖，原本就算不上擅长的足球，再也踢不好了。

我也尝试接受一些理疗，效果很好。理疗师教我的一些技巧，尽管要花些时间掌握，现在仍用得上。

后来，我决定停药。我不想一辈子依赖药物。停药得慢慢来，但凭借着理疗中学到的技巧，我最终成功了。一开始很艰难，不过几周后，情况慢慢有所好转。我过了一个非常愉快的夏天，因为我第一次出了远门。

近来我经常喝酒。一开始喝，就会喝多。我之所以喜欢喝，是因为喝醉以后，强迫症的声音就会消失。可醉酒也会惹来麻烦。我没有酒瘾。要是哪天医生叫我戒酒，我会戒，也做得到。不过目前我还是想喝，因为酒精能麻痹强迫症，而且喝酒时的感觉很好。我想先喝着，也不知道这算不算自我治疗。以前我从没有因强迫症而喝酒，但现在我非常理解人们为什么以及如何用酒精来自我治疗。

如果你也有强迫症，你必须接受这样一个事实：很可能这辈子你都无法摆脱它。对我来说，这是一个漫长的过程。我的策略是，接受我不能改变的，改变我不能接受的。我有很多小习惯，比如多花五秒钟锁两遍车。我知道这也是强迫症，但影响不大。可往回走一百来米，就为了去看一根棍子是我不能接受的——不能这么做，必须改变它，必须和它做斗争，必须打败它。我或许永远无法完全摆脱强迫症，但我想，在力所能及的情况下，还是得同它抗争。

第七章

心情有点"丧"
郁闷与抑郁

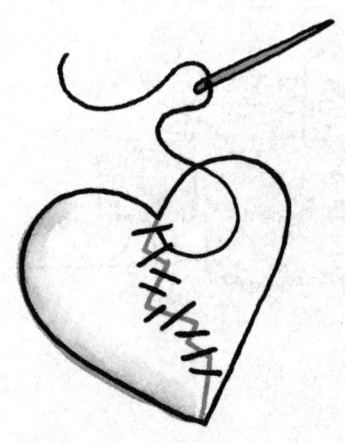

心情有点"丧"

不快、伤悲、忧郁、低落、悲伤、难过、愁苦、悲惨、凄凉、心碎……这么多词形容的都是同一种心情。可为什么会有这么多呢？因为，在作家眼中，悲伤近乎性感，而沉湎于绝望更是迷人。

没有悲伤，我们便不懂得感受快乐。没有人（除了空乘人员）会永远保持笑容，每个人都会时不时地心情低落。我们或许会说"我感觉有点郁闷 / 我 EMO 了"，这没什么，不过注意了，郁闷和抑郁（也称临床抑郁症）之间可是有明显区别的。

我们会遭遇种种负面情绪，比如前几章提到的焦虑和压力，当然还有郁闷。可当情绪持续低落并（或）开始影响你的日常生活时，情况就不一样了。

我们来给情绪低落划个等级:

还有介于中间的各种情绪。正如所有的疾病感知，一个人的"一点难过"，对另一个人而言，就是"抑郁"了。我无法明确告诉你你现在是情绪低落，还是临床抑郁。

抑郁症的表现有哪些？我们应该注意哪些迹象？其实，抑郁症和压力过大时的表现非常相似。这不无道理，因为压力会影响情绪，导致抑郁。

所以，要是出现以下迹象，你可要当心了：

☹ 睡不着或睡太多；

☹ 注意力不集中或发现以前拿手的任务变难了；

☹ 感到绝望与无助；

☹ 沉浸在消极念头里；

☹ 食欲不振或暴饮暴食；

☹ 比平时更易怒、好斗、脾气暴躁；

☹ 过量饮酒或有其他不计后果的行为；

☹ 有轻生的念头（如有这种情况，请立刻寻求帮助）。

有时，日常琐事也会使我们出现以上部分或全部状况。但有些生活事件是创伤性的，会对我们的心理健康产生巨大影响。在讨论临床抑郁症之前，让我们先来看看一些可能有极大消极影响的生活事件。

父母离异

在我 11 岁到 14 岁的这几年中，爸妈经历了一场漫长、曲折、颇具破坏性的离婚。爸爸酗酒，常常好几天不见踪影；妈妈很生气，带着我和弟弟离家出走。我每晚哭着入睡，一直无法从心底里原谅他们。

——伊莎贝尔，25 岁，来自英国伦敦

在 2012 年的英国，有 42% 的婚姻以离婚告终。因此，你父母分开的可能性不算太低。对成千上万的年轻人来说，父母离异就是他们要面对的现实。

我们可以这样安慰自己：不是所有的感情都有结果，随着时间的推移，人们渐行渐远。可当父母一方搬走，那种被抛弃的感觉甩都甩不掉。

许多年轻人会将父母离婚归咎于自己，于是情绪低落，出现前面提到的那些症状。

记住，父母之所以决定分开，恰恰是因为他们心里想着你。没有人想要一个争吵不休的家庭环境，父母一方选择离开是希望换来和平与和谐。

还有，这与你无关（请往好的方面想）。不论我们多么希望自己是父母世界的中心（在很多方面确实如此），他们也需要过自己的生活，经营自己的感情。不是所有的感情都有结果。长大后,我们会渐渐认识到别人不可能一味取悦我们,他们也要为自己考虑。话虽如此,即使你长大了,意识到这一事实了,你的痛苦或压力也并不会减少分毫。不论几岁,父母离异总归是个让人不快的大变故,没有人喜欢。

你的一些朋友可能也经历过父母离婚。他们是怎么熬过来的呢?慢慢地,你会发现,生活中的惊涛骇浪终会回归平静。

最后一条建议:不要插手。这问题需要你父母来解决,而不是你。不要夹在中间。

如果父母发生矛盾(不一定是闹离婚),列一个你可以寻求建议或依靠的大人的名单。他们可以是校咨询师、老师,或者其他亲戚。

1.

2.

3.

分　手

和经历父母离婚一样，结束一段感情也会让你怅然若失。至于"情伤"的严重程度，要看你是分手的哪一方——是你甩了别人，还是被甩了？

如果是你甩了别人，你会感到愧疚。这滋味是不好受，可被甩的一方更不好受。伤害他人的感觉很糟糕，但至少你有时间来提前消化分手这件事。你想要积极的改变，才会选择这么做。当然不是说这样你就不会难过，不会有压力。

作为主动提分手的人，记住，最重要的是要善良。分手一定要当面提，否则只会造成不必要的麻烦。尽可能详细地和对方解释你为什么不想继续和他或她在一起。不要推卸责任——如果你想离开，那是你的选择，你必须和对方解释清楚。之后，请听对方把话说完，不要不回电话或消息，必要的话，重申你想要结束这段感情的原因。

作为被分手的一方，在毫无准备的情况下被拒绝了，心里可能更难受。没有人喜欢被拒绝。这很可能导致一系列的自我怀疑：我做错了什

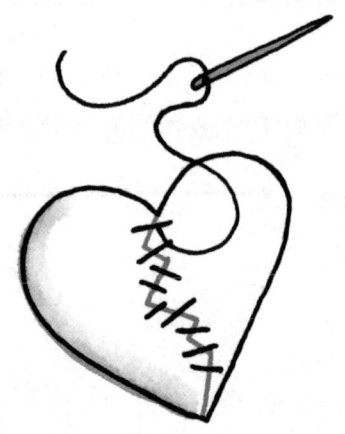

么？是我说错话了吗？为什么我还不够好？……

要明白，这不是你的错，问题在于你俩的组合。有些人适合做情侣，有些则不。恋爱时的底线是，你永远只能是你自己，不要为了迎合别人而改变自己。和这个人的感情没有结果不代表和其他人也会如此。

人在分手时会产生与失去有关的种种情绪，压力随之而来，因此可能出现前文列出的种种症状。但你要明白，尽管会在心里留下小小的伤疤，分手带来的伤痛总会愈合。悲伤毕竟是无聊的，你只会难过一小段时间，过一阵再想起来，只会觉得有点烦。

尽管如此，看到前任有了新欢，总是难受的。

是啊，作为分手的任何一方都会难过，但在绝大多数情况下，这种难过都是暂时的。

丧亲之痛

奥利维娅医生如是说

经历丧亲之痛的人会和抑郁症患者有许多相同的表现。然而，丧亲之痛是一种正常的悲伤反应，会随着时间的推移自行痊愈。心理健康专业人员对于在半年内丧亲的求医者不予做抑郁症治疗，不过，我们会酌情开一些短期疗程的安眠药或抗抑郁剂，来帮助他们应对丧亲之痛。

不论是谁，失去所爱之人都会痛不欲生，而人们排解悲伤的方式各有不同，没有对错之分。我有时会想，纠结如何哭泣、啜泣、抽泣与哀悼是否和失去亲人本身一样难受。每个人都要以自己的方式应对亲人离世。

悲痛可能表现为本章开头列举的任何一种状况——可能影响食欲、睡眠、注意力以及情绪。甚至有的人刚开始会拒绝接受，但这不代表他们不在乎。

不论是死亡、分手还是离婚，我们真正要面临的其实是失去，而死亡则意味着永远失去。我们所爱的人再也不会回来了，这感觉糟透了。有时候，我们需要一些时间去接受这一事实。

人终有一死，我们不是不知道。但最难的是明知亲人已经走了，仍希望他们还在——这种思念是可怕的，但它会淡去。没错，你会怀念他们，也许这辈子都会，但一段时间后，思念就会变成一种慰藉，而不是痛苦。你会单纯地缅怀他们。许多人会去扫墓，会和逝去的亲人聊天，从中得到安慰。如果做这些能让你好受一点，为什么不呢？

放心，离开的人已经入土为安了，他们希望你也不要为他们难过太久。

听着，虽然因父母离异、丧亲或分手而悲伤算不上抑郁症，但绝不可以因此忽视你出现的心理健康症状。毕竟，长期失眠很快就会催生出更严重的问题。因此，哪怕是遭遇比较敏感的生活事件，寻求帮助也没什么好难为情的。医生通常会开一个短期疗程的安眠药或是抗抑郁剂，来帮助患者撑过这段艰难的日子。请记住，适当服用的话，这些药物不仅不会上瘾，还能防止不稳定的情绪诱发慢性疾病。

抑郁症

奥利维娅医生如是说

抑郁症主要表现为情绪、思维过程及行为的变化。区分"情绪低落"与抑郁症的关键是抑郁状态的持续时间和它对日常生活的影响。

我们已经达成共识:每个人都会时不时地感到难过,遭遇失去时更是如此。可悲伤会在什么时候变成轻度抑郁,又会在什么时候变成重度抑郁呢?

其实,"抑郁"一词本身没什么特别。可以形容天空,也可以形容你的心情。可抑郁症就是另一回事了。就像奥利维娅医生指出的,区分的关键在于抑郁状态的持续时间。

科学家们认为,抑郁症和情绪低落通常是大脑内血清素含量低所导致的。在这种失衡状态得到改善之前,抑郁症状会一直存在,影响你的思维模式与行为举止,甚至睡眠和饮食。

抑郁症患者会陷入消极的思维模式中。他们并非故意闷闷不乐或是多愁善感,而是大脑里那些讨厌的化学物质在作祟。

这种思维模式叫作"反刍式思维",大致是这样的:

我还不够好。

我希望自己能做得更好。

别人都做得比我好。

为什么我不能更好呢?

果然我是最差的。

其他每个人都比我好。

我猜他们肯定比我好。

他们连那个都做得比我好。

我什么都做不好。

连个陌生人都比我好。

我都那么努力了。

他们甚至毫不费力。

我努力了还是不够好。

我就是不够好。

如此没完没了……

如果读都读不下去,试想一下它们成天回荡在你的脑子里会是什么感受?不难想象,如果"反刍式思维"持续一段时间,任何人都会被压垮。重复得久了,人们很快就会对这些想法深信不疑,不论它们在健康的人看来有多么荒谬。

就像是一首新奇的流行歌,重复许多遍之后,再糟糕也能潜入你的脑海里。不知不觉间,你就记住了歌词。

我失眠了,并且对所有兴趣爱好,哪怕是最爱的足球都提不起劲。我被强迫性的念头困扰,总是纠结着别人对我的看法,还有他们是否喜欢我。我常常觉得自己被抛弃了,孤独无助,只想躺在床上逃避这个世界。好几次,当我沮丧、愤怒,不知道如何处理脑海中的情绪和念头时,我会抓伤自己。

——凯瑟琳,21 岁,来自英国

抑郁症最可怕的一点是，它会剥夺你对曾经所爱的人和事物的兴趣。它会吸食你的积极性，直到最简单的小事都成了艰巨的任务。然而，能帮助抑郁症患者的恰恰是找点事情做。抑郁症患者表示，在被要求完成某事后，他们比预想中更享受这个过程，因为这振奋了他们的情绪。

基本上，不论做什么都比穿着睡衣、窝在家里看杰里米·凯尔（Jeremy Kyle）[1]强，这么做毫无益处。

有时候，我会感到非常迷茫，看不到生活的意义。我不想去上学，觉得没一个朋友受得了我，并且对任何事情都丧失了兴趣。大多数时候我都没什么胃口，又常常为此而愧疚，因为爸妈会担心。可即便如此，我还是觉得自己不受重视，无足轻重。

——姬蒂，20岁，来自英国利物浦

请记住，抑郁症是一种疾病。科学家们已经知道抑郁症患者的血清素含量通常较低，尽管他们仍在研究是什么导致了这一点。另外，二者的因果关系仍存在许多争议——抑郁症的发病和血清素含量降低到底孰先孰后？

鉴于抗抑郁剂对很多人都有效果（虽然不是每个人），我们可以认为血清素在某种程度上是个重要因素。

---

[1] 英国电视节目主持人，最知名的节目为《杰里米·凯尔脱口秀》。——编者注

奥利维娅医生如是说

除了本身的药效，药物治疗也能让患者有足够的精力和动力去接受其他医学或非医学治疗。

人们担心服用抗抑郁剂后会变成一具"行尸走肉"，或者产生依赖性。放心，这些担心都是多余的。传统药物不好说，但新药不太可能出现这些副作用。

极少数情况下，医生会建议采用电休克疗法。别太担心，对于重度抑郁症患者而言，如果其他疗法都无济于事，让一定量的电流通过大脑会有效果。

由于抑郁症是一种疾病，我要是说只要多锻炼多做事就可以痊愈的话是很危险的。新鲜空气治不好肋骨骨折，也不能让抑郁症凭空消失。

如果你情绪持续低落，就该寻求帮助了。有了合适的支持，你可以也必将康复，但你要自己迈开最关键的第一步。请记住我们在第四章所说的，你可能不会在第一次去诊所时就遇到合适的医生或咨询师，但千万不要放弃就医。抑郁症是不容忽视的健康问题。

路易斯的故事

在伦敦上大二那年，18岁的我第一次患上了抑郁症。病情很严重，我把自己锁在了宿舍里。

我下不了床，吃不下饭，当然也无法继续学业。每天睡18或19个小时，还是疲惫不堪。我感到极度的麻木与孤独。

一开始我不知道自己怎么了，还以为是得了流感。我全身酸痛，可又不想吃止痛片，因为我欣慰于自己还能感知疼痛。

在一段时间里，我体会到一种前所未有的、与世隔绝的感觉。我以为这意味着好转。可接下来的几周，情况反而进一步恶化了。

我很偏执，觉得不论我走到哪儿，人们都在议论我，这让我越发孤独。我想过自杀，一开始只是些消极的念头，比如摔下地铁轨道，或者冲到公交车跟前。可后来越陷越深，直到有一天我发现自己站在海德公园的圆池边，根本不知道自己怎么走到那儿的。大冬天里，我只穿着T恤、牛仔裤和人字拖，没有外套，想着池水是否够深，能不能将我淹没。我吓坏了，赶紧跑回去，打电话向爸妈求助。当天晚上，爸妈就把我接走了——我完全不记得这件事。他们带我回家，看了家庭医生。医生给我开了高剂量的西酞普兰，辅以小剂量的安定片，以帮助我缓解药物的副作用。直到一周后药物生效前，我什么都记不得了。可即使是在那以后，仍有大块的时间是模糊的。但那些药确实帮了我，因为我还活着。

第八章

关于身体
身体畸形恐惧症

关于身体

虽然我的身体质量指数（BMI）没问题，我还是觉得自己胖。这种感觉不仅是学校同学强加给我的，更是服装制造商营造的，因为我根本找不到适合自己的衣服（我大概穿 12 码或者 14 码[1]？）。这样一来，我只能穿上宽大的黑衣服。

——克莱尔，28 岁，来自英国伦敦

一个事实：

每个人都厌恶自己的身材。

或者至少有一些他们想要改变的地方。可惜，光知道这一点并不能减轻你对自己身材的厌恶。瘦的觉得自己像火柴，高的觉得自己像电线杆，小个子渴望长高，大块头又讨厌自己身上的赘肉。就连肌肉猛男们似乎也不满意自己的身材，不然他们为什么天天待在健身房里？

每个人都厌恶自己的身材。

当然，"厌恶"是个很重的词；我们大多数人都有些美好的不完美，我们都在学着接受它们，欣赏它们。一些人去看医生，去砍掉、剃光、掐去、藏起和清除不喜欢的部分，但绝大多数人都学会了坦然接受。

---

1 约为 XL 号。——编者注

正值青春期的年轻人与自己身体的关系尤其紧张。那个你熟悉的幼小躯体正在你眼前日新月异地变化着。这个过程你掌控不了，也没法叫停。也难怪在这个时期，人们会面临各种身材形象问题。

这些也许会给你一点安慰——所有年轻人都会经历青春期；另外，青春期又叫"蛹期"：成年后，你的样貌会与十几岁时相去甚远。实际上，其貌不扬的少年长大后往往更好看。嘿，那个帅哥竟然是纳威·隆巴顿[1]？

上网搜索五个年少时相貌平平的性感名流，把他们的名字写在下方：

1.
2.
3.
4.
5.

不错啊，青春期；真不错！

看到没？没什么好担心的，一切都会好的。可所有人都会时不时地因自己的样貌感到压力或情绪低落。这种焦虑一旦长期存在，就会影响到日常生活。

---

1 《哈利·波特》中的人物。——译者注

前 0.001%

任何时候，社会都有一套狭隘的审美标准。尽管现在不少人拿黄金时代的玛丽莲·梦露的丰满曲线做文章，她的身材还是十分匀称的。虽然惊讶状的眉形不流行了，她那丰满的嘴唇与金色的头发却从来没有离开过主流审美。

在某种程度上，男生也是如此。虽然媒体上总是充斥着描绘女性身体的画面，我们现在也逐步走向了"性别平等"。《魔力麦克》(Magic Mike)之类的电影和《男性健康》(Men's Health)之类的杂志对年轻男性的打击不亚于比基尼选美和《男人装》(FHM)杂志对年轻女性的伤害。

杂志毫无益处。事实上，它们也是造成问题的帮凶。现在我回想起以前看的那些（将重点放在身材和美貌上的）青少年杂志，觉得它们真是危险至极。正是这些媒体反复地告诉我，我必须要瘦下来才会被人喜欢，这让我很生气。

——匿名，30 岁，来自英国威尔士

可问题是，所有媒体（电影、书籍、时尚杂志、流行视频）在联手散布这个关于美丽的谎言。上面描绘的女性瘦得病态，却有一种健康的假象（靠着奇迹或整形手术维持胸部丰满）。她们有着洋娃娃一般的面孔和丰盈的秀发。骨瘦如柴的模特依旧是秀场上的主流，娱乐小报则痴迷于丰腴的臀部——当然，能丰腴的只有臀部，腰身必须保持纤细。

男性的理想身材是高大、宽阔、肌肉发达，比米开朗琪罗的《大卫》多一分或是少一分都算不上理想。时不时地，像克里斯·帕拉特（Chris Pratt）这样的大号演员会脱颖而出，可很快又不得不向大众和电影公司老板定下的标准低头。没有人生来就像克里斯·海姆斯沃斯（Chris Hemsworth）[1]。要想像他一样健硕，首先，你每天要在健身房里待 4 个小时；其次，你会饮食失调（后面很快会详细说到）；然后，你要吃生长类固醇；最后，做到以上三点。

当然，确实存在另类的身材榜样，只不过找起来得费点功夫。就算成功打入了主流媒体，新闻报道往往也会毫不客气地嘲笑她们"炫耀自己的曲线"，再配上一两张不讨喜的、用长焦镜头偷拍的比基尼照片。

时装模特、好莱坞演员和流行歌星代表的只是这个星球上的一小部分人，把他们视为标准不免荒唐，可我们又很难忽视他们。有时候，我

---

1 澳大利亚演员，代表作有《雷神》《复仇者联盟》等。——编者注

难免会觉得他们来到这个世界上就是为了让我们感到自卑。

不过，去网上搜搜他们青春期时的样子吧，看起来肯定大不一样。这就是为什么我不喜欢看二十多岁的演员在荧幕上扮演青少年：青春痘呢？牙套呢？不合身的时髦衣服呢？这些才是数百万青少年的真实面目，可在媒体上压根儿看不到。

关于青春痘的一点建议：对年轻人而言，皮肤不好简直致命，会使人极度自卑。一定要去看医生。大多数医生都会理解你的痛苦，并给你开点有效的药。

我因为外表——痘痘，啊！——和性取向不明而受人欺负。

——卢克，来自英国伦敦

青春期存在的意义就是让人弄清楚自己长大后想变成什么样子。有些东西是可以改变的。比如，读书时，你可以免费看牙医，也可以不断换衣服换发型，直到找到适合自己的风格。大概 28 岁时，我才发现自己留点胡子更好看。

比外表更重要的是你的健康（虽说看起来健康也不错）。体重不足或超标都会给你的内脏造成压力。虽然是老生常谈了，但我还是要说：每个人都应该努力保持饮食均衡，多吃蔬菜水果，进行足够的运动，让自己更健康些。正如之前所说的，锻炼和饮食对于心理健康也至关重要。因此，你的外表和你的内心感受是息息相关的。

躯体变形障碍（Body dysmorphic disorder, BDD）： 焦虑症的一种，患者会对自己的外貌产生扭曲的看法，并花很多时间担心自己的外表。这和虚荣心还不一样。患者往往把哪怕最微不足道的东西——伤疤、身体特征、晒黑程度——都无限地放大，并为此大伤脑筋。

"10个女性里有8个对自己的外貌不满意，超过一半看到的是扭曲的形象。"[1]

最理想的情况是对自己的形象有正确的认识，并产生安全感——这两者还不一样。值得注意的是，我们看到的自己和别人眼中的我们是不一样的。我们倾向于把自己的身体割裂成各个组成部分，因此会觉得自己鼻子歪斜、臀部松垮、"游泳圈"骇人。然而，在别人眼中，我们是一个整体，这些小细节无足轻重。许多研究也表明，我们并不擅长准确判断自己的体形。

尽管每个人都对自己的身体有着或多或少的不满，持续的外貌焦虑却会严重影响身心健康。过度地节食、健身或整形都是对外貌极度不自信的表现。嘿，没有治愈灵魂的手术刀，也没有通往幸福的健身路。改变外貌不是通往内心幸福的道路，从来都不是。

---

[1] 凯特·福克斯（Kate Fox），来自社会问题研究中心。——作者注

食物与饮食

> **奥利维娅医生如是说**
>
> 许多人与食物都有着或复杂或困难的关系，可我们怎么知道是时候寻求帮助了呢？如今，节食、健身、断食、计算卡路里这样普遍，我们甚至不知道什么时候就过了头。几周的习惯易除，多年的积习难改。所以，要是隐约感觉不对劲，就去寻求帮助。

的确，我们与食物的关系是"复杂"的。不信，听听公交或地铁上的谈话吧。谈话开始后，用不了多久，话题肯定会转向食物。我们执迷于食物。的确，食物让我们活下去，可我们对它们的关注远远不止于此。从5∶2断食法到原始人饮食法，从美食家到免费素食主义者（freegans），我们已然成了食物的奴隶。

我们必须把进食障碍看作一个连续统一体，其严重程度取决于担忧食物所花费的时间及其对日常生活的影响。听到"进食障碍"，人们通常会想到绝食，但这绝不是全部。

进食障碍患者中的一些是挑剔的食客和极端节食者。既然医生推荐的是多吃蔬菜水果的均衡饮食，那么限制饮食健不健康呢？健身爱好者们所谓的"健美饮食"——只吃鸡胸肉和蛋白奶昔——根本不是健康的饮食。此外，禁食、强迫性饮食、暴饮暴食、催吐等也赫然在列，最后才是绝食。

超重又爱吃，为此我没少挨我妈的骂。1997年，我不再正经吃饭，两个月内瘦了30磅（约13.6公斤）。我常常不吃东西，要么倒头睡觉，要么埋头工作。

——海迪，35岁，来自美国路易斯安那州

任何形式的长期饮食控制都很容易诱发更严重的问题。让我们来看看四种官方承认的进食障碍：

神经性厌食（Anorexia nervosa）

患者会极度关注饮食和体重，并且无法正确看待自己的体重，对体重的增加备感焦虑。严重的副作用有心脏负担过重，甚至可能导致早逝。其他副作用包括骨骼和皮肤受损，以及月经量减少。

神经性贪食（Bulimia nervosa）

患者会暴饮暴食，然后以催吐、服用泻药或过度运动等方式过分"补偿"。

暴食（Binge-eating disorder）

该病症的确诊人数越来越多，其特征有：进行2～3次阵发性的极端暴食行为，并产生负罪感和羞耻感，但没有神经性贪食的补偿行为。

其他特殊的进食障碍
（Other specified feeding or eating disorder）

如果患者的症状不符合其他三种情况，又存在明显的进食障碍行为，如神经性厌食症的症状，那么即使患者的体重仍在健康范围内，医生也可以做此诊断。

奥利维娅医生如是说

如果你去看医生，他们会检查你的生理健康及心理健康。饮食障碍症对你的身体有着极其严重的影响。医生可能还会检查你的血压和反射动作，测量你的身高和体重。

检查出来有问题的患者可能会被介绍去 CAMHS（如果患者未满 18 周岁）。一些卫生当局也有专门负责饮食障碍的科室。

营养师会负责你的情况，为你设定现实的饮食目标。他们是想帮助你，而不是强迫你。

进食障碍症看似都是关于食物、饮食和体重，但往往有根源性的问题在捣鬼。

让我们来澄清一下关于进食障碍症的一些误解：

◉ 这不仅仅是想要变瘦。

◉ 这不仅仅是时装模特的问题。

◉ 这不仅仅是自控力的问题。

◉ 这不仅仅是对食物的恐惧。

那么，接下来的声明就不足为奇了：进食障碍症是一种精神疾病。令人沮丧的是，并非所有的疾病都有"病因"。尽管有研究表明，厌食症之类的疾病或许存在遗传因素，但也有证据显示这些病症与血清素失调有关。也就是说，就像抑郁症和焦虑症一样，我们不能断言进食障碍症是由现实生活引起的。

正如奥利维娅医生所说，这就是为什么专业人员不会只关心你的饮食和体重。如果只是给出均衡饮食的建议，尽管有利于整体健康，却解决不了根本性的问题。

奥利维娅医生如是说

进食障碍症尤其棘手,因为控制饮食会影响患者的食欲。患者的行为会直接影响他们的生理状况。此外,营养不良还会导致妄想或对食物产生焦虑。

升学后,我度过了一段非常艰难的时期。我在情绪上没有准备好,也没有得到足够的/任何的帮助。我感觉自己在往下沉。在这段时间里,我从十几岁起就间歇性发作的进食障碍伴随着情绪紧张愈演愈烈——节食、暴食,反反复复。

——米歇尔,32岁,来自英国伯克郡

中学时期后半段的大部分时间里,我都因进食障碍而伤害自己,当然那时我根本不明白自己在做什么。直到今年,我才知道自己当时处于怎样的精神状况。那是一件难以接受、难以和解的事情。

——乔,19岁,来自英国

汤姆的故事

汤姆,29岁,来自伦敦,是成千上万患有进食障碍的男性之一。

那天的开始倒也平常,我吃了几片烤面包、一碗麦片。可和朋友吵了一架后,还没等我反应过来,我已经吃掉了两个布朗尼、一个培根三明治、一包薯片、一些胡萝卜条和一个煎饼。接下来的

45分钟里,我又往嘴里塞了一袋巧克力豆和一份金枪鱼法棍三明治,还有一桶红白相间的布丁,它看起来就像被搅成泥却忘了取出头骨的脑花。为了不引起注意,我先后去了咖啡店、商店和从不对你评头论足的可爱的自动售卖机来购买它们。

接着,我满头大汗、双手颤抖、头疼欲裂。我喝了大概一升半的水,然后又去吃午饭了。

让我变成这个样子的并不是饥饿,甚至不是想要被安慰的需求,而是恐惧——对于控制不住自己、无法让自己停止吃东西的恐惧。情况糟糕的时候,我无法相信自己,就像无法相信陌生人一样。

第二天,我很早就醒了,感觉好像有个邪恶的小孩正蹲在我的胸口。醒来第一件事就是去跑了8英里(约12.8公里)。午饭时,我到健身房做俯卧撑和波比跳,直到想吐又吐不出来。

我还记得,讽刺的是,第一次有医生对我说我有神经性贪食时,我觉得他疯了,因为我都十几年没有成功催吐过了。可他说运动和催吐一样,都是事后补偿行为。

不管怎么说,我与食物、身体以及我急需的对身体的控制之间的关系是不健康的。我还患有抑郁症,每周都要接受治疗,从14岁起就断断续续地服用抗抑郁剂。

当人们(尤其是名人)谈起贪食症时,往往把它说得像陈年旧事,像生活中黑暗的插曲("我不幸患上贪食症的那年……")。它不过是他们人生故事中的一个小低谷,是他们鼓舞人心的旅程中的一场危机罢了。

或许对他们而言确实如此。可对我来说,进食障碍却是和糖尿病一样的慢性病:每天的严重程度都不一样,并且反反复复,需要操心,需要有意识地克服。好消息是,我应付得来,也做得很好。

朱莉娅的故事

朱莉娅患有进食障碍症,不过她现在是 Beat 的青年大使。

Q:你从几岁开始意识到自己存在饮食方面的问题?
A:问题出现那年,我 19 岁。

Q:你的问题是如何出现的呢?
A:那个时期,我正在为考取一所表演艺术学院而进行舞蹈训练。一开始,我只是做些睡前运动,后来发展为在锻炼的基础上控制食物的摄入。我在手机上下载了一个应用程序,来记录自己所有的饮食和运动。

Q:你寻求帮助了吗?
A:起初我去看了全科医生,不过当时我的体重还算正常,因此医生也没给什么建议。三个月后再次就医时,医生给我开了抗抑郁剂,并将我转到了进食障碍症专家小组。

Q:你有接受过英国国民医疗体系的服务吗?
A:有的。我与一名社工做过心理咨询;起初会和负责进食障碍症的专业人员定期碰面,后来在当地医院的精神病房住了一小段时间。

Q:哪种类型的帮助效果最好/最差?
A:抑郁症最严重的时候,住进精神病房保证了我的安全,然而,那里一位医生的某些话触痛了我。因此，这是对我最有效也最无效的帮助。此外，心理咨询效果不错，我已经接受了一年的定期咨询，并且依旧非常需要它。

Q：从长远来看，你是如何应对慢性疾病和复发的可能性的呢？
A： 病情复发不好处理。我一开始好转，身边人的警惕性就会降低，因此复发时我很难向他们倾诉。我是在同伴的支持下熬过来的。我把一切都告诉了他，他会给予我我所需的帮助，同时也保证了我的空间和自由。

Q：你还有什么建议给患者吗？
A： 记住，疾病不能定义你。牢记那些能够定义你的东西，紧紧抓住它们。对我来说，阅读是生活中很重要的一部分，每当病情恶化，我都会通过阅读来缓解痛苦。至少找一个你能够永远信任的人。藏着掖着会让你的疾病越发凶险；只有拥有一个能无条件信任的人，这段路才走得下去。你需要帮助。

性别焦虑

15岁时，我得了抑郁症。此外，我还有一些性别认同方面的困扰，两者一起诱发了我的焦虑和社会疏离感。

——克里斯，24岁，来自英国利物浦

性别焦虑（即认为你的真实性别不是你出生时的生理性别）相当普

遍，它本身不是一种精神疾病。不要忘了，同性恋一度被认为是一种精神疾病！时代变了！然而，由于社会目前无法完全接纳跨性别者，选择跨性别的生活往往伴随着一系列压力。

跨性别群体中有相当数量的自残、药物滥用和自杀现象，可见性别转变对许多人来说绝非易事。和我们在本章中提到的许多障碍症类似，感觉不快乐或是被困在自己的身体里人怎么可能享受狂欢呢？

通过医疗干预或其他方式完成了性别转变后，跨性别者往往会更快乐，但转变的过程是漫长且艰辛的，因此，处在这一阶段的人们常常需要来自外界的帮助。首先可以求助于家庭医生或校咨询师，不过，大多数病例都会被提交给CAMHS。

并不是说到了那里你的"疾病"就要接受"治疗"，而是在那里你可以获得你"需要"的"帮助"。有时候，我真不知道该怎么使用引号。

第九章

最后的禁忌？
自残与自杀念头

最后的禁忌?

这一章恐怕会沉重不少。拿自残或自杀打趣并不容易,不是吗?话虽如此,我也不认为它们是不可讨论的禁忌。不去讨论就会给事物套上一圈特殊的神秘光环,然而,约 7% 的青少年存在自残行为,如此普遍的现象不能够、也不应该成为禁忌或遭到忽视。

自 残

> **奥利维娅医生如是说**
>
> 自残指的是一个人以文化认可的标准以外的方式伤害自己的身体。这就是为什么腿部蜜蜡脱毛不能算!自残的方式很多,常见的包括割伤、烧伤、扯头发和抓伤皮肤。

谈谈急救:探究自残背后的问题之前,我们首先要具备基本的急救知识,把握寻求医疗援助的时机。如果你或身边朋友对自身造成了伤害,就有必要就医。由于担心医护人员会对自残者产生偏见或采取措施,人们可能不愿意求助。请放心,医疗讲究慎重(没有人会把你关进精神病院)。而且,如果伤口没有及时得到处理,就可能感染并诱发后续疾病和其他意想不到的并发症。应保持伤口清洁,必要时使用创可贴和抗菌剂。如果伤口无法止血,可能要去急诊处缝一两针。

自残越来越普遍,关于它人们通常有很多疑问。

有关自残的常见问题：

- ✹ 他们为什么要那么做？
- ✹ 他们是要自杀吗？
- ✹ 怎么才能让他们感觉好一点？
- ✹ 他们有什么目的？
- ✹ 他们是为了引起注意吗？
- ✹ 他们怎么能这么对自己呢？
- ✹ 难道不疼吗？
- ✹ 我有必要把家里的尖锐物品都藏起来吗？
- ✹ 我该如何帮助一个自残的人？
- ✹ 如果他们只想一个人待着怎么办？
- ✹ 会好转吗？
- ✹ 我怎样才能停止自残？
- ✹ 我必须停止吗？
- ✹ 这么做有什么害处呢？

让我试着回答其中的一些问题，尽管就像这本书中的许多问题一样，它们并没有绝对的答案。自残行为或许是相似的，但每个人的遭遇各有各的不同。

他们为什么要那么做？

唉，我只能长叹一声。他们可能想控制失控的情况，可能想表达愤怒或自我厌恶，也可能他们已经走投无路。

驱使我自残的一直是愤怒和自我厌恶……我不能冲让我生气的人发火，因为他们比我厉害。我只能把气撒在自己身上，接着又憎恶这么做的自己。

——鲁奇卡，15 岁，来自英国牛津

他们是要自杀吗？

不是！自残的人可能会产生自杀念头（许多人都会），但这两者不能一概而论。尽管自残是个错误的应对策略，人们这么做其实是为了让自己好受一点。可惜，一些自残的人不小心害死了自己。

怎么才能让他们感觉好一点？

自残是改变大脑内化学物质的有力方式。还记得内啡肽——你脑袋里的小海豚吗？感觉疼痛时，大脑会分泌内啡肽，从而产生短暂的快感，让患者误以为自己在解决问题。然而，这些举动虽会产生生理上的影响，却不能解决根源性的问题。而这种生理快感又让患者对自残欲罢不能。

他们是为了引起注意吗？

我敢说，大多数人宁愿生吃一条蛞蝓也不愿承认自己有自残行为。自残在很大程度上是羞耻的、私密的与遭人耻笑的。可是，如果他们选择让你知道，说明他们想要关注。要是有人为了一点关注不惜伤害自己，那他们确实需要啊！这时，请不要随意使用"博眼球"或"耍心机"之类的词。他们需要的是关注——真正有益的关注。我们要做善意的倾听者，或者为他们寻找愿意倾听的人。

青少年时期，从外在到内在，我厌恶自己的一切。我每天都在批评自己，而当我感到自己需要被惩罚，或者当情绪强烈到无法控制的程度时，就会自残。由于羞愧和内疚，我不敢把我的感受告诉家人和朋友。我追求完美，觉得我营造的"自己"也必须完美。

——匿名，22 岁，来自英国加的夫

难道不疼吗？

有的人求的就是痛感。想象一下，你已经绝望到宁愿感到疼痛也不想感到空虚麻木或者消极沮丧。

我该如何帮助一个自残的人？

你用不着藏黄油刀和指甲剪。如果有人决心伤害自己，他们总会找到办法的。任何人都无法为别人的行为负责。尽管如此,我们仍然可以询问患者如何可以帮到他们。例如,是否需要帮他们联系有关机构或专业人员?有什么特定的东西触痛了他们吗?一天或一年中的某些时间情况会更糟糕吗?听着,不要指手画脚,还有,保护好自己。毕竟,听闻自残的事是不好受的。你不是别人的情绪垃圾桶。

如果他们只想一个人待着怎么办？

如果患者叫你走开，这表明他们还没有做好改变的准备。你需要尊重他们，不过和他们说清楚，要是有需要，随时可以找你帮忙。记得保持沟通渠道畅通，还有要耐心。

会好转吗？

> **奥利维娅医生如是说**
>
> 诚实的回答是"可能好转"。自残很难戒除，需要患者和帮助他们的团队付出巨大的努力。如果患者有心向好，情况自然会好转，没有人想要一辈子伤害自己。随着年龄的增长，人们的大脑发育得更成熟，这可以帮助他们克服自残的冲动，更有效地制定应对策略。

我怎样才能停止自残？我必须停止吗？

这两个问题很难回答。没有人必须做什么，不过，你或许可以想想，一年后，五年后，或者十年后，你的生活会怎样。你一定知道自残的后果：疤痕——你不能想穿什么就穿什么，还不得不向伴侣和陌生人解释它们的由来。如果你是女生，你希望这在将来影响你选婚纱吗？相信我，疤痕真的会有影响。这听起来可能很遥远，可你希望在年近三十的时候后悔自己青春期时做的选择吗？我知道，当你身处一段灰暗绝望的时期，未来是很难想象的，但未来总会到来，到时你可能还想穿泳衣。疤痕会变淡，但不会消失。

那么，如果你很想伤害自己，该如何停下来呢？和我们在本书中讨论的所有问题一样，如果你有一个支持你并与你彼此信赖的团队，你成功的可能性会大大提高。团队里有谁并不重要，只要他们支持你，为你的康复而努力。加油，团队！

分散注意力通常是行之有效的应对机制。它让你的思绪和双手远离有害的冥思苦想，继而转移到更实际也更有趣的事物上。不要忘了，大脑里那些淘气的小海豚会在运动时溜出来。运动能改变你大脑的生理状态，促使一些自残时会产生的化学物质的分泌，因此是个不错的替代方法。

列举五个让你感到愉快的消遣活动：

1.
2.
3.
4.
5.

凯特的故事

自青春期起，凯特就开始自残，并接受了相关治疗。

人们不了解的是，自残就像酒精或毒品成瘾——它不会自行好转，你必须学着应对它，并遏制自己的冲动。它总在那里，作为一条能让你感觉好一些并找回主导权的捷径，"诱惑"着你的大脑。曾经或正在自残的人并不脆弱。我们不得不坚强起来，因为一旦开始自残，天知道我们什么时候或者是否会停下来。

人们对于自残的反应也显得极其无知。大多数人要么认为我是个自私自利的小孩，满口谎言，只为博关注；要么觉得我是一颗需要提防的定时炸弹，因为"天哪，她对自己都这么狠心，还有什么是她干不出来的！？"。

我不认为自残行为可以定义我，但我确实也知道，不少人很难对自残者一视同仁。原因在于，不像其他的心理健康问题，自残行为会将我的感觉和遭遇暴露在外，挑战着人们的理解。在大多数人眼中，自残等于自杀未遂。他们认定我不会有所成就，或觉得我"不正常"，好像我非得把自残营造成一种有益的支持性举动似的。

我很难和爱我的人开口谈论这件事，他们会因此担忧、苦恼——因此心理咨询帮了大忙：我得以同一个与自己没有情感牵绊的人交谈。爱你的人会觉得这某种程度上也是他们的错——我无法一边安慰自己，一边照顾他们的罪恶感。

我学会的一件重要的事：不要为自己的伤疤感到羞耻——它们是我的一部分，如果其他人觉得不舒服，我不需要向他们道歉。让伤疤见光也不是为了炫耀或挑衅——这是我的身体，我有权露出手臂。

自杀与自杀念头

自杀是指一个人决心结束自己的生命并付诸行动。令人痛心的是，全球每年约有 80 万人自杀，而每一例背后都伴随着 10 到 40 例的自杀未遂。

自杀在男性群体中稍普遍一些，而女性更易产生自杀倾向。

自杀与心理健康问题密切相关。半数的自杀者都曾患抑郁症。这不难理解，想象一下，一个人要多么低落和绝望才会觉得自己的生活不值得过。这就更叫人痛心了，因为我们已经了解到心理健康问题是可以治疗的。如果围绕心理健康问题的污名没有那么严重，人们也许就可以无所顾忌地寻求帮助，也许就不至于自杀了。

自杀前，人们也可能会有药物滥用和赌博成瘾的表现。

奥利维娅医生如是说

不论有没有或是有什么样的精神疾病，你都可能产生自杀的念头。"这个世界没了我会怎样"，这是十分正常的哲学思考。可当自杀念头反复闯入你的脑海，问题就来了。医生们更担心的情况是患者开始仔细思考自杀的可行性。这不是一个好迹象，意味着你是时候寻求帮助了。

关于自杀这事：

这是一个暂时性问题的永久性解决方案。

你不会听到手腕骨折的人嚷嚷着要一了百了，因为他们知道手腕总会痊愈的。你的大脑也不例外。即便是最糟糕、最灰暗的抑郁期也会过去的。哪怕是对毒瘾和债务，我们也有了应对体系。

山重水复疑无路，柳暗花明又一村。我的老校长曾在集会时讲过这样一个故事：一个马拉松运动员跑完 25 英里（约 40.2 公里）以后，再也走不动了，更别说跑了，眼看着就要晕倒。这时，他问自己："我还能再前进一步吗？"他发现自己可以。于是又重复了一遍刚刚的问题："我还能再前进一步吗？"就这样，他一步一步挣扎着前进，不知不觉间，终点线就在眼前。

第十章

精神疾病

人格障碍

精神疾病

长期以来,影视和书籍给精神疾病患者造成了极大的伤害。时至今日,我还会时不时看到病人被绑在精神病院病床上的画面。事实并非如此。这些画面不仅传播了不实信息,还侵犯了病人的人权。

现实素材的娱乐性往往不强。比起看着精神分裂的诺曼·贝茨接受药物治疗、经营一家舒适的汽车旅馆、参加每周一次的集体治疗,看他乔装成他母亲的样子杀害浴室中的女孩[1]显然有意思得多。

---

1 希区柯克电影《精神病患者》剧情。——译者注

通常，电影中患有心理健康问题的人不是狡诈、扭曲、妄图统治世界的恶棍，就是暴躁易怒的心理变态。然而，现实中的精神疾病或人格障碍患者并非如此。

大学期间，我和奥利维娅医生曾尝试着分析我们的朋友们都有哪些"人格障碍"。然而，人格特质与人格障碍有着明显的区别。当一种人格特质持续存在、无处不在、顽固不化，并且诱发不安情绪，影响日常生活时，它就成了一种障碍。每个人都会时不时地表现出这样或那样的特质，但障碍完全是另一回事。

让我们按照字母顺序来了解一些常见的人格障碍：

A
反社会型人格障碍（Antisocial personality disorder）

该人格障碍的主要表现是无所顾忌。患者不关心自己或他人的安全，并一贯缺乏责任感和懊悔心。

孤独症谱系障碍（Autistic spectrum disorder）

> **奥利维娅医生如是说**
>
> 尽管存在遗传成分，我们尚未完全确定是什么引起了孤独症谱系

障碍。

孤独症谱系障碍通常表现为在社会交往、发展与维持人际关系方面存在困难，以及兴趣与活动单一或重复。虽然每个人多少都有一点自闭，都会表现出一定的迹象、特征或症状，孤独症谱系障碍却是一种精神疾病。

这不是说喜欢整洁的卧室、齐整削尖的铅笔或是不喜欢吃橄榄的人就患有孤独症。电影《雨人》（*Rain Man*）让人误以为所有孤独症患者都像 X 战警一样有超能力，可这对患者毫无益处。

实际上，孤独症患者很难理解自己和他人的情感，很难交到朋友，也很难改变生活习惯。

回避型人格障碍（Avoidant personality disorder）

患者对批评异常敏感，这让他们回避社交活动，并始终缺乏自信。

B
双相情感障碍（Bipolar affective disorder）

以前也被称作躁郁症。

奥利维娅医生如是说

双相情感障碍患者的情绪会经历高潮（躁狂）与低谷（抑郁）。通常来说，这种变化的周期较长，一般是几个星期或几个月，而不是在一天之中发生戏剧性起伏。处在躁狂情绪中的患者非常可怕，因为他们会产生失控的想法，并做出在旁人看来十分怪异的行为。

边缘型人格障碍（Borderline personality disorder）

算是我大学时的老朋友了，每每发作时我还听着麦当娜的歌。该人格障碍的特征是情绪冲动，与他人关系不稳定。

C
品行障碍（Conduct disorders）

奥利维娅医生如是说

我们或多或少都有点愤怒、好斗、撒谎、厌烦与责怪他人的倾向。然而，当这些行为频频出现，导致我们与他人（包括警察）发生冲突时，可诊断为品行障碍。

当患者的以上行为导致他们与权威人员（老师或警察）发生冲突，他们就可能会被转交青少年犯罪行为小组（youth offending team）。这些多学科小组通过与患者本人及其身边人合作，帮助患者应对自身问题。

通常情况下，小组会调查患者的同龄朋友及其家庭，试图了解他们为什么无法控制自己的情绪冲动。让患者参与有意义的活动是帮助他们降低攻击性、减少反社会行为并建立自尊心的好办法。

D
依赖型人格障碍（Dependent personality disorder）

不仅仅是"黏人"而已。患者会过分服从他人意志，并极度依赖他人的照料，无法正常生活。

人格解体（Depersonalization）

患者反复出现与自己疏离的感觉。想象一下，你像个外人一样对自己的生活指手画脚，或者你与现实之间隔着一层纱。这显然叫人痛苦。

几乎每天我都感觉要么我是不真实的，要么世界是不真实的。我感觉好像眼前有一面屏障，好像被困在了自己的身体里，好像身处电影片场，而世界是纸板做的。

——珍妮，22岁，来自英国伦敦

分离性身份识别障碍（Dissociative identity disorder）

以前被称为多重人格障碍。尽管你可能在电影、电视、书本中看到过，但在一个身体里产生出两种或两种以上截然不同的人格是非常罕见的。世界范围内记录在案的病例少之又少。

H
表演型人格障碍（Histrionic personality disorder）

患者可能表现为极度戏剧化，易受他人影响，并不断地渴求他人的注意。

N
自恋型人格障碍（Narcissistic personality disorder）

表现为夸大自我价值与需要别人的赞美。患者认为自己独一无二，但对他人缺乏同理心，往往很难与他人建立健康的关系。

O
强迫型人格障碍（Obsessive-compulsive personality disorder）

强迫性人格障碍与强迫症不同。患者往往墨守成规，并有控制欲与完美主义。而我们在第六章说过，强迫症的症状远远不止这些。

过分进取（Overachieving）

曾经的临床完美主义，现在多认为是一种人格障碍。患者常常因害怕失败或感觉自己不够优秀而不敢尝试新事物。

我是那种尖子生,渴望进取的压力令我非常压抑和抑郁——我从来不觉得我能做到的"最好"是足够好的,这种念头将我拖入自我厌恶的旋涡。

——匿名,27 岁,来自英国达勒姆

在学校里,我总是处于要好好表现的压力之下,如果表现低于预期,我往往会陷入自我厌恶之中。我始终觉得自己不过是一个"有天赋的孩子",要是连在学校里都表现不好,我还有什么用呢?

——利兹,19 岁,来自荷兰

P
偏执型人格障碍(Paranoid personality disorder)

患者极端多疑,不信任他人,总担心他人企图伤害或欺骗自己。

创伤后应激障碍(Post-traumatic stress disorder, PTSD)

焦虑症的一种,常在创伤性事件后出现,但不是所有经历创伤性事件的人都患有 PTSD。PTSD 主要表现为闪回、回避甚至拒绝讨论与创伤经历有关的一切、情感麻木或选择性遗忘。同许多疾病一样,创伤及对创伤性事件再度发生的恐惧使得患者大脑内的化学物质发生显著变化,因此可以通过药物治疗。

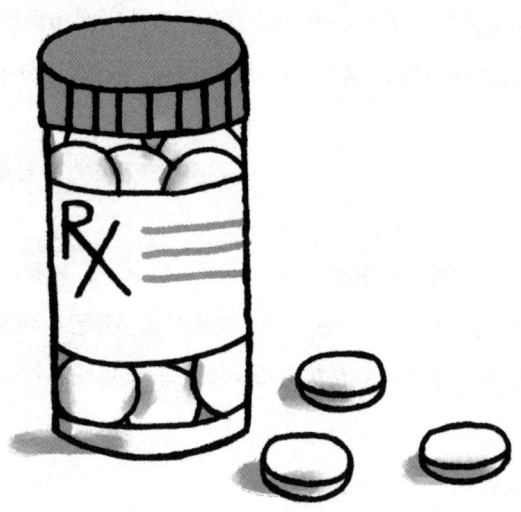

精神错乱（Psychosis）

奥利维娅医生如是说

精神错乱综合表现为幻听、幻视，以及相信他人所不能相信的事物。例如，患者可能十分肯定有人试图伤害他们或窃听他们的谈话。有些患者可能只发作一次，可以用药物治疗，也可能自愈；有些患者的症状则持续出现，并可能发展为慢性疾病。

S

分裂样人格障碍（Schizoid personality disorder）

表现为情感冷漠、人际关系疏离。分裂样人格障碍与社交恐惧症或孤独症谱系障碍都不一样。人格障碍是稳定不变的，而社交焦虑会根据患者所处的情况而变化。孤独症谱系障碍的特殊之处在于，患者往往伴有特定的沟通障碍。

精神分裂症（Schizophrenia）

与分离性身份识别障碍不同，精神分裂症是一种持续性的精神病发作。患者意志减退，并常常对自己的精神状态缺乏洞察力。

第十一章

醉生梦死

关于成瘾

醉生梦死

和欧洲其他地区相比,英国对毒品的管控做得并不到位。2011年的一项调查显示,在15～16岁的英国青少年中,有26%的男生和29%的女生在调查前一个月至少有三次酗酒经历(出于研究目的,连续喝超过五杯酒精饮料则被定义为酗酒)。另外,在这次调查当中,有42%的男生和35%的女生承认他们至少尝试过一次违禁毒品。

另一项调查显示,英国40%的15岁青少年尝试过大麻。这个数字比欧洲其他任何地方都高。调查还发现,英国与西班牙吸食可卡因的年轻人数量最多。

目前,虽然在18岁以下青少年中,因毒品和酒精寻求帮助的仅占0.4%,但仍有约2万人。而且,众所周知,那些真正寻求帮助的可能只是冰山一角。

成瘾与疾病之间的关系很复杂。首先,成瘾本身就是一种疾病——习惯经(感觉良好的)刺激多次强化后形成。在某种意义上,我们甚至可以将强迫症患者的强迫意识看成一种瘾——而强迫行为本身就是一种奖励。

更复杂的是，有些人可能由于原有的身心健康问题而对一些物质或行为上瘾。还记得山姆吗，我们的强迫症患者？他借助酒精治疗自己的病症，于是乎，一波未平，一波又起。

这些看似很难理解，实则非常简单。药物滥用与心理健康问题或许并非最佳拍档。

奥利维娅医生如是说

我们已经了解到精神疾病会对大脑内的化学物质产生怎样的影响，而饮酒和吸毒则会产生同样的影响。虽然毒品和酒精有时会让我们在短时间内感觉精神一振，或是让我们感觉更自信，但从长远来看，它们会对我们的心理健康产生消极影响。

在你年满18周岁后，服用某些药物是完全合法的，但别忘了，所有药物（包括本书中所谈到的），如果未能正确服用，都存在潜在的危险。知识就是力量，让我们来看看一些常见药物吧。

不过在开始之前，有必要先让你了解一下如果你自己或者你认识的人喝多了或者嗑药了该怎么做，毕竟安全第一。

如果有人喝多了：

照顾喝得烂醉的朋友，最重要的是要时刻留心他们的状况。酒局结束后，要确保他们安全到家。不要让他们单独睡觉，因为他们可能会被呕吐物呛到。记得要让他们保持恢复体位（侧卧，头朝向同一侧）。如果他们出现呼吸困难的情况，立即叫救护车。

酒精中毒是极其危险的，会致人昏迷，极端情况下甚至会导致死亡。具体多少酒精量的摄入会引起酒精中毒取决于多个因素，包括这个人的体形、体重、年龄，等等。青少年和没有饮酒经验的人尤其容易酒精中毒。

如果有人嗑药了：

如果你的朋友对毒品产生了不良反应（惊恐发作、呼吸困难、昏昏沉沉），你首先要保持冷静，陪在他们身边。试着了解他们服用了什么，但不要给他们更多压力。带他们出去呼吸新鲜空气可能会有帮助。注意不要让他们泡澡或者给他们喝咖啡，这些可能会导致休克。

如果你的朋友没有反应、失去知觉或者呼吸困难，必须立即叫救护车。有必要告诉医护人员他们服用了什么，不要担心这些会传到警察耳朵里。

毒品的类型

清楚该怎么做以后,让我们理一理一些常见毒品。简单来说,毒品可以分为三类:

- 兴奋剂:增强警觉性、清醒度和运动能力;
- 镇静剂:有镇静和放松的效果;
- 致幻剂:引起知觉和意识上的改变。

显然,毒品,不论合法与否,都要花钱。毒品的价格各有不同,但染上毒瘾是一件相当破费的事情。吸毒者除了会伤害自己的身体之外,还会为满足毒瘾让自己债务缠身,走上违法犯罪的道路。

现在让我们来看看你可能听说过的最常见的毒品,探讨一下它们对身体和大脑的影响。

酒 精

当你情绪低落,特别是当你认为这个世界不真实时,酒精不是一个可靠的朋友。

——珍妮,22 岁,来自英国伦敦

我曾把喝酒当成一种应对策略,可它对我一点帮助也没有。我认为,当你情绪低落或焦虑,试图逃避生活的困难时,喝酒会不可避免地加剧你的心理健康问题。喝得烂醉后,我会伤害自己或对别人暴力相向。醉酒后的我不仅会给在生活中帮助我的人造成压力,还会同那些无益于我精神状态的人混在一起。清醒以后,情绪会跌到谷底。更糟糕的是,我只能怪自己。

——罗西,22 岁,来自英国西米德兰兹郡

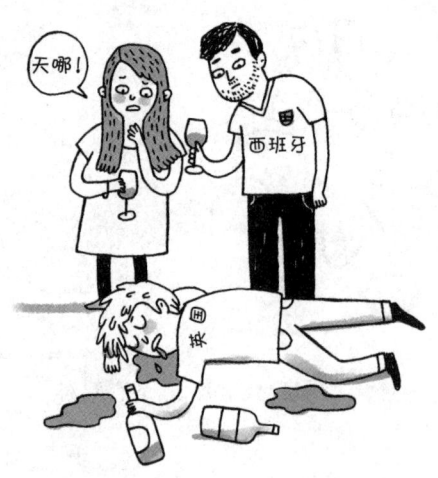

说白了,酒精是一种毒品,会上瘾,而且严重危害健康。我们心里都明白,可除酒精外找不到其他被社会认可的非处方药了。实际上,在大家看来,社交时不喝酒简直不可思议。我不想装模作样地说自己不喝酒,我也喝,只不过出于种种原因,肯定比以前喝得少多了。

英国素来因酗酒和反社会行为而臭名昭著。当我们的地中海邻居

有节制地在晚餐时品着葡萄酒和格拉巴酒时，我们在灌了几瓶伏特加兑可乐之后，还要出门去喝上 7 品脱苹果酒、黑酒加烈酒。然而，我们的上一代以及上上代并没有像我们这代人那样过量饮酒。

不知我们与酒的这种不健康关系的背后是否存在社会原因，又或者我们正遭遇着酒业和因征收酒税获利的政府的剥削，但有一件事是肯定的：我们如果继续这样喝下去，就会在三四十岁时集体患上与饮酒相关的疾病。

虽然在英国你必须年满 18 岁才能买酒，但青少年通常小小年纪就开始喝酒了。由于同伴压力喝上一杯早已是司空见惯。

同伴压力：社会团体（朋友或同学）带来的尝试新事物或新活动的外在压力。大家都渴望融入，没有人想要丢脸，但如果理智告诉你这不是个好主意，你应该始终相信自己。拒绝并不会让你看起来像个失败者，反而会彰显你是个思想独立、不盲目从众的人。

酒精对你的身体有什么影响？

短期内，酒精会影响协调能力，而持续饮酒和酗酒则会损害你的器官。心脏、肝脏、胰腺和肠道都会受到酒精的影响，而口腔、咽喉、胃和乳腺方面的癌症都与过量饮酒有关。不论你是男是女，饮酒都会影响你生孩子——它会降低生育能力。

酒精对你的大脑有什么影响？

酒精是镇静剂的一种，能减缓大脑的运作。它一开始让人感到愉快，但很快会导致晕厥、记忆丧失和抑郁情绪。

我一开始喝酒，就会喝多。我享受酒精带给我的感觉，它让我暂时放下焦虑，同那些原本不想搭理的人融洽地相处。但我不喜欢它对我的健康造成的消极影响。

——西恩娜，23 岁，来自美国

一开始，喝酒会让我忘记一切烦恼；我可以表现得"正常"，并轻松地和别人交谈。可后来，我一喝酒就开始抑郁。

——凯西，31 岁，来自英国诺丁汉

说实话，喝酒一点都不性感。举着一杯香槟风情万种、笑脸盈盈是一回事，对着排水沟呕吐并且想亲吻一个浑身呕吐物的人就是另一回事了。

烟与尼古丁

自从 2007 年法律禁止在公共场所吸烟以来，吸烟者的数量急剧下降，原因是大概没有人喜欢在下雨天蜷缩在露天啤酒花园的暖气灯下，或是躲在满是尿味的走廊里。不过，电子烟的出现可能会让这一切前功尽弃。嘿，电子烟真的是更好的选择吗？除了没有香烟中的有害烟雾，电子烟中的化学物质与香烟中的基本相同，并且同样容易上瘾。在英国，未成年人购买任何种类的香烟都是违法的。

吸烟对你的身体有什么影响？

吸烟时，毒素会进入你的血液。它们会让你的血管变窄、血压升高，从而增加血栓与心脏病发作的概率。肺部遭受的打击最严重：84%的肺癌患者是吸烟者，而且吸烟者也更容易患上支气管炎、哮喘和肺气肿。吸烟还易导致生殖问题、肤质变差和味觉减退，并且会极大地增加你患口腔癌、咽喉癌和胃癌的风险。嘿，还想吸烟吗？

吸烟对你的大脑有什么影响？

尼古丁（以及香烟中的其他化学物质）是一种兴奋剂。一开始，尼古丁会激发短暂的欣快感，但吸烟者很快就会麻木，欣快感也随之消失，最后，吸烟只是为了减轻犯烟瘾时的负面感受。吸烟还会大大提高你患中风和脑动脉瘤的概率。

好消息是，你越早戒烟，你的身体自我修复的可能性就越大。因此，现在就行动吧，因为身体无法修复死亡。

说实话，吸烟一点都不性感。你或许觉得吸烟很性感，可距离奥黛丽·赫本和詹姆斯·迪恩在大荧幕前抽烟都过了一百年了。现实生活

不性感

中的吸烟者长得更像多特·科顿[1]或是奈杰尔·法拉奇[2]，而非劳伦·白考尔[3]。抽烟的人身上的味道很难闻，真的很难闻。如果吸烟者告诉你他们不觉得，那是因为他们的味觉和嗅觉已经被香烟摧毁了。我爷爷过去常说，亲吻吸烟的人，就好像"亲吻一个烟囱"。他说的一点儿没错。

大 麻

> 大麻不会影响我的心理健康，反而还能起到改善作用。每次抽大麻时，我都和朋友们待在安全的环境里。娱乐放松一下，仅此而已。
>
> ——亚历山德拉，21岁，来自巴拉圭

> 我尝试吸过两次大麻，每一次都会引起疏离与焦虑感。这些虽不至于造成创伤，却足以让我坚信，有心理健康问题的我还是不要轻易尝试毒品的好（当然只是个人经验）。我的脑子好端端的就会失去理智，这已经够我折腾的了；我不需要一种改变头脑的物质，让我与现实更加脱轨。
>
> ——埃夫伦，20岁，来自英国伦敦

噢，该相信谁呢？尽管有些人吸食大麻会产生放松的感觉，但是除非有医学处方，大麻仍是 B 类违禁毒品。

1　英国肥皂剧《东区人》中的角色。——编者注
2　英国政客。——编者注
3　美国女演员。——编者注

大麻是从大麻植物的叶子和树脂中提取的,可以抽吸,也可以食用。你或许还听过这种毒品的别名:胡麻、火麻和超劲大麻(skunk,一种毒性更强、气味更重的品种)。

大麻对你的身体有什么影响?

大麻通常可用于吸食,且大多数使用者会把它和烟草混在一起。因此,烟草所有的副作用,大麻都有。除此以外,吸食者还可能产生强烈的饥饿感,从而导致体重增加。人们感到恶心想吐时,偶尔也会卷一支大麻烟。

大麻对你的大脑有什么影响?

大麻是一种镇静剂,能让吸食者感到放松和平静。虽然关于其生理依赖性没有官方说法,但是一些研究表明,它在心理层面上是高度成瘾的。它还有致幻作用,导致幻视或幻听。有些吸食者会感到焦虑或恐慌。研究显示,长期吸食大麻会导致活力减退和大脑功能衰退,并在测试中表现不佳。

奥利维娅医生如是说

吸食大麻与精神障碍之间存在一定联系。不过,到底是精神障碍潜在患者更有可能吸食大麻,还是吸食大麻容易诱发精神疾病,目前还没有定论。

现阶段,我们认为,对于一些易患精神障碍的人而言,抽吸或注射大麻会诱发初步症状。这被称作"压力 – 脆弱性假说"。初步症状可能恶化为精神障碍,还很可能进一步发展为精神分裂症等慢性疾病。

说实话，抽大麻一点都不性感。吸毒成瘾、成天神志不清的人如何性感？吸食大麻的人往往脾气急躁、毫无生气。他们身上的气味也很难闻。

也不性感 →

药　物

现在你已经了解到，所有药物都是有害的，除非你严格按照处方服用。没错，即使是看似无害的扑热息痛，过量服用也可能致命。实际上，过量服用止痛剂会损害你的肝脏和肾脏。许多试图用这种方式自杀的人最终都落下了一身痛苦的慢性疾病。

一些药物，如可待因和安眠药，会产生依赖性。你得特别小心，严格遵循医嘱服用。

可卡因

可卡因又称古柯碱或可可精,提纯后也叫强效可卡因,通常呈可鼻吸的白色粉末或可抽吸的石毒。可卡因是一种极易上瘾的 A 类违禁毒品,其效果与安非他明或冰毒类似。

可卡因是一种强效兴奋剂,能给人短暂的欣快感,吸食者会产生自信、聪明、敏锐与所向披靡的感觉。随之而来的往往是令人不舒服的低落感。

可卡因对你的身体有什么影响?

可卡因会让你心跳加速、体温升高,过量服用可能会导致心脏病发作。你或许也看到过一些长期吸食可卡因导致鼻子溃烂的触目惊心的案例。没错!鼻子真的会脱落!当然,更常见的情况是鼻子出血并伴随着鼻组织小肿块等,所以没什么大不了的。(瞎说什么?!)

可卡因对你的大脑有什么影响?

可卡因是一种兴奋剂,吸食者会产生短暂的欣快感或极度兴奋的情绪。这是因为毒品阻止了大脑内血清素的再吸收,也就是说你头脑中令人快乐的化学物质比正常含量来得高。

说实话,吸食可卡因一点都不性感。吸食者情绪极其暴躁。除非你觉得以自我为中心、语速飞快、废话连篇的人非常性感,否则这绝对难以忍受。

海洛因

海洛因俗称几号、白粉、白面儿。它曾被认为是流浪汉和妓女的标配毒品，近年来也因一些名人吸食致死的事件而备受关注，例如演员菲利普·塞默·霍夫曼（Philip Seymour Hoffman）和电视名人皮驰斯·盖尔多夫（Peaches Geldof）。

噢，这是一种非常非常可怕的毒品，它一点也不"摇滚"，毫无浪漫、伤感或诗意可言。海洛因的依赖性极强，感染和过量吸食的可能性也非常大。如果不信，你先去看看梅尔文·伯吉斯（Melvin Burgess）的小说《毒品》（*Junk*），再来告诉我你还想不想尝试一下。我敢保证答案肯定是不想。

海洛因是吗啡（一种从罂粟中提取的止痛剂）衍生物，常与糖粉、淀粉、扑热息痛或砖屑等其他物质"掺和"着吸食，是 A 类违禁毒品。

海洛因对你的身体有什么影响？

大多数人在吸食海洛因后会感到困倦，但海洛因却很容易吸食过量。在大多数海洛因致死的案例中，死因都是呼吸衰竭。海洛因常见的副作用包括静脉曲张、体重减轻和坏疽。此外，如果与其他吸食者共用针头，还存在感染艾滋病和肝炎的风险。

海洛因对你的大脑有什么影响？

海洛因就像止痛片——它会麻痹神经系统的受体，从而给你一种温暖、放松的感觉。海洛因也非常容易上瘾。

说实话，吸食海洛因一点都不性感。显然，没有人喜欢曲张的静脉和枯瘦的面容。因此，压根儿不存在"海洛因时尚"这回事。

摇头丸

摇头丸是亚甲二氧甲基苯丙胺（以下简称 MDMA）的俗称，分为药丸和粉末，是 20 世纪 90 年代的舞厅毒品。它是一种兴奋剂，可以让服用者整夜不睡、精力充沛、逢人就抱，是违禁毒品。此外，服用者购买的通常不是纯的 MDMA：药丸中常混有其他物质，或者根本就是另一种药物（比如宠物驱虫片，有人买到过吗？没有吗？）。如果第一颗药丸没有起到兴奋的作用，吸食者就容易过量服药。此外，也存在将更致命的副甲氧基安非他明（PMA）错当成 MDMA 而误服的情况。

摇头丸对你的身体有什么影响？

摇头丸是一种兴奋剂。生理上的副作用包括心率加快、瞳孔扩散、牙关紧闭或面目狰狞。

摇头丸对你的大脑有什么影响？

这又是一种会扰乱大脑内化学物质的毒品。摇头丸会让大脑释放大

量的血清素和多巴胺，给人一种极度兴奋的感觉。

说实话，服用摇头丸一点都不性感。虽然服用后感觉不错，但你看起来就像一只不小心吃了黄蜂的斗牛犬。

致幻剂

有些人难以抗拒精神障碍的症状（又瞎说什么？！），因此通过 LSD 致幻剂或致幻蘑菇类毒品来进行一场"迷幻旅行"[1]。好的旅行让人觉得愉悦、有趣，但糟糕的旅行简直就是活生生的噩梦。

致幻蘑菇的风险在于，食用者可能误食其他种类的毒蘑菇。更可怕的是，对于患有焦虑症的人而言，致幻蘑菇更容易导致惊恐发作。

致幻剂对你的身体有什么影响？

LSD 和致幻蘑菇会干扰你的视觉和听觉，从而产生时间加快或减缓的幻觉。有些食用者会出现呕吐或腹泻症状。

致幻剂对你的大脑有什么影响？

LSD 会影响多巴胺和血清素受体；致幻蘑菇中则含有一种叫作裸盖菇素的化合物，会扰乱人的心智，使人产生幻觉。抱歉，孩子们，这不是真正的魔法。

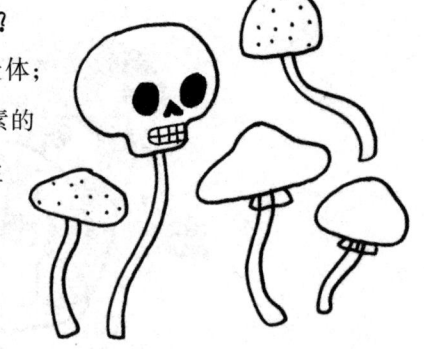

---

1 在英语中，服用致幻药物后的状态可以用"trip"来形容。——编者注

说实话，你们猜得到我想说什么——服用致幻蘑菇和 LSD 一点都不性感。这就好像在电影院，大家都在看不同的电影，而其中有的人看的是非常惊悚的恐怖片。

合法兴奋剂

有些兴奋剂合法并不代表它们安全。合法只能说明它们是未受管控的物质，通常不作为食用用途销售。其中有一些有兴奋作用，另一些则有镇静作用，但没有一种是真正安全的，因为没有人说得准里头到底有什么。它们通常打着香薰、肥料或浴盐的幌子来钻法律的空子。

你服用的药物不同，作用也不同：可以是兴奋（像可卡因、安非他明或摇头丸）、镇静（像大麻）或致幻（像 LSD 或致幻蘑菇），不过它们都有相似的风险和副作用。

许多以前合法的兴奋剂，比如流行的喵喵（mephedrone），现在都被列入了违禁药品。

吸入剂毒品

嗅胶或喷雾毒品听起来非常"80 年代"，但这种溶剂型毒品近来似乎有回潮的趋势。

你要是去参加节庆活动，可能会看见一些小气罐。那里面装着一氧化二氮，又称笑气，以前只在牙科诊疗或者攒奶油的制作过程中使用。吸入一氧化二氮会使人头晕目眩，产生轻飘飘的感觉，但也会因大脑缺氧而导致头痛,甚至死亡。这可不是开玩笑的。持有一氧化二氮本身不违法,但出售给未成年人就是犯罪。

许多胶水、喷雾和修正液中含有的挥发性化学物质,吸入后会产生眩晕、恍惚的感觉,可起到镇静的效果。可它们也会对心脏产生强烈的作用,可能导致猝死,官方称"吸气性猝死综合征"(sudden sniffing death syndrome)。第一次尝试就可能致死。

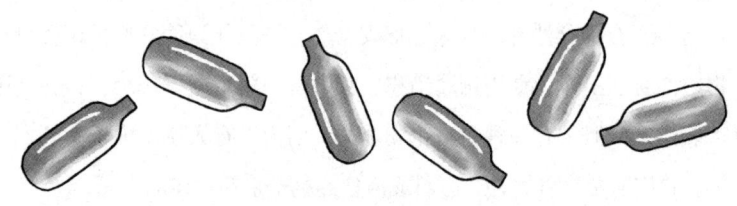

2000 年至 2008 年间,死于吸入剂毒品的青少年数量高于其他非法毒品致死数量的总和。

用于自我治疗的酒精和毒品

了解了以上兴奋剂与镇静剂以后,我们不难理解为什么一些患有心理健康问题的人,尤其当他们不想获取正规的心理健康服务时,会借助化学物质让自己振作起来或者冷静下来。

奥利维娅医生如是说

有时候,心理健康问题会让我们情绪低落或者焦虑不安到难以忍受的程度,这让借助化学物质改善心情看起来像个好办法。但这只是个暂时的解决方案,只会使你的病情恶化,从而诱发更多的问题。另外,酒精和毒品可能会与处方药物相互作用,带来意想不到的并发症。

许多毒品,不论合法与否,都会产生依赖性。它们不仅价格昂贵,还一点都不性感。如奥利维娅医生所说,(非处方)药品和酒精并不能助你康复或者好转。事实上,它们还会阻碍你寻求更健康的帮助。

我如何知道自己是否有问题？

你可以通过这个小测试来判断自己是否有酗酒或嗑药问题：

1. 你是否想过自己应该减少饮酒或嗑药？

   是 / 否

2. 如果有人询问你的饮酒或嗑药情况，你是否感到恼怒？

   是 / 否

3. 你是否为醉酒或嗑药后的所作所为感到羞愧？

   是 / 否

4. 你是否通过喝酒来对抗戒断反应，或者通过嗑药来缓解宿醉症状？

   是 / 否

如果你对以上任何一个问题的回答是肯定的，也许是时候反思一下自己的生理和心理健康状况了。虽然这并不意味着你就是个瘾君子，可为什么要把酒精和毒品当成生活的重要组成部分呢？醉生梦死的生活真的毫无乐趣可言。

第十二章

拥抱生活
逐渐康复

拥抱生活

会康复的,对吧?就像咳嗽或感冒,有一天你醒来,突然感觉好多了——心理健康问题也是这样吗?嗯……不是。总有一天你会意识到日子有好有坏,还会有不如意的几周、几个月,甚至几年。不过,你希望每天都笑意盈盈的吗?每一天?这听起来好累。生活的起起落落都是暂时的。虽然糟心的日子可能会持续一段时间,但不会永远持续下去。真的。

奥利维娅医生如是说

谁都说不准一种心理健康问题会持续多久,不过可以确定的是,患者越早接受治疗,效果越好。你一旦遭遇过一次心理健康问题,就有可能遭遇第二次;不过,第二次遇到问题时,你就会对自己的状况有更深入的了解,也更懂得如何去寻求对你有效的治疗方法。

青少年时期,随着你发现自己是什么样的人以及你想要成为什么样的人,你的内心也会成长和改变。

我们都在尝试不同的身份和自我形象，同时抛弃那些我们不喜欢或不再适合我们的东西。当你将自己与某种精神疾病诊断捆绑在一起时——比如，觉得自己就是个厌食症患者——你的康复之路就会愈加坎坷。

不论有没有意识到，我们每个人都扮演着多重角色——朋友、兄弟、姐妹、运动员、同性恋、书呆子……所有这些角色相互影响，但没有一个能完全定义我们。注意心理健康是生活的一部分，可如果让它占据全部，那生活的乐趣不就少了吗？你的生活会变得越来越狭隘，最后只容得下你和你的精神疾病。

过多地关注心理健康会让你的世界变得非常狭小并且相当阴暗，而这正是精神疾病的表现。你该与之抗争，而不是与之握手言欢。

虽然我们都有缺点，有自己的性格缺陷，有消沉的、狂躁的、醉酒的（如果你喝酒的话）、宿醉的（如果你喝太多的话）日子，有各自的心理健康问题，但我们的目标是抛开这些东西，去过丰富而充实的生活。我不认为你身上最有趣的地方是你的心理健康状况。

逐渐康复

变得更健康、更快乐是一项长期投入。坦白地说，活着也是一项长期投入。这个世界上没有魔法，不论你多么希望一觉醒来一切都会永远开心顺遂，这永远不会发生。

那么该怎么办呢？这得一步一步来。我问你，如果给你的心情从1到10打个分，你会打几分？现在你感觉如何？

1　2　3　4　5　6　7　8　9　10
糟透了　　　　　　　　　　　　　　　　　好极了

当然你不会一下子从2分奇迹般地跳到8分。你如果打的是4分，可以问问自己，怎么做能变成5分呢？喝杯茶，刷一晚上剧怎么样？这并不难，对吧？在5分的基础上，怎么做能变成6分呢？问一些"可我想要一直8分怎么办？"之类的问题没有太大意义，因为没人能做到。你可以考虑换一个更好的问题：在什么情况下我可以保持积极的情绪？

这很可能需要你对自己的生活做出点改变，比如结束一段关系、跳槽或转学，再比如接受治疗或服药；也可能只是一些非常小的事情，比如和让你心烦的人好好聊一聊。

如果给自己打了 4 分，你也可以试着这样问：是什么让我没有打 3 分呢？回忆自己生活中积极的事物总是富有成效的，因为它们往往非常重要。回想苦恼与伤痛更为容易——它们叫嚣着，你很难不注意到；而赞美成就与肯定自我则需要技巧与专注。

奥利维娅医生说的没错，随着我们变得成熟，我们会接受自己的不完美。我们会学着管理自己，知道什么对自己有用。我们会明白是什么让自己感觉不舒服，并能及时辨认出警告标识。这意味着，我们能够更好地预测危机的出现，并熟练地做出更有效的处理。

得益于适量的易蒙停（止泻药）和提前为火车站内的厕所准备的30便士，我现在能应付自己的焦虑问题了。只要在包里备好这些东西，我就能从容应对焦虑，继续完全正常的生活。

还记得那个马拉松运动员的故事吗？在他快要倒地的时候，他问自己，还能再前进一步吗？原谅我的老套，生活就是一场马拉松。即使是在最黑暗的时刻，不妨问问自己："我还能再前进一步吗？"

你我都知道，答案是——"能！"

你学到了什么？

做一下下面的小测试吧。

1. 一种进食障碍症；患者暴饮暴食后催吐：

2. 一种人格障碍；特点是戏剧化的行为：

3. 因亲人去世而产生的悲伤反应：

4. 用于描述大多数抑郁症或抗抑郁药物的首字母缩写：

5. 人体在察觉到威胁时，会释放的一种激素：

6. OCD 也叫作：

7. 大脑分泌的让你感到快乐的"小海豚"：

8. 一种违禁毒品，通常呈白色粉末状，以"可"开头：

（答案见第 184 页）

第十三章

给家长的建议

给家长的建议

担心你的孩子患有心理健康问题很是煎熬——虽然不及得知他们确诊时难受,但也够折磨人的。可能你自己有过心理健康问题,也可能毫无经验。不论如何,重要的是要像对待任何疾病一样,对精神疾病抱有同情心。

需要牢记的几点:

- 患者不是在博关注。即使是,会宣称自己患有心理健康问题的人可能也需要获得适当的关注。

- 纠缠无济于事。只是缠着他们,无法令其好转;解决这些问题需要时间和定期的干预。

- 没有人喜欢被逼迫。一个人获得帮助的前提是他愿意接受帮助。强迫年轻人去看医生可能会阻碍他们的康复。

那么,你如果担心他们,该怎么办呢?最重要的是要懂得倾听,并且相信他们所说的。如果他们不想交流,你可以试着留意以下迹象:

- 突然不合群,对朋友或以前喜欢的东西失去兴趣。

- 在校的一些变化,比如退出运动队、成绩下降或出现社交问题。

- 注意力不集中,记忆力差,思维缺乏逻辑,说话含混不清。

- ★ 对任何活动丧失积极性或参加的欲望，态度冷漠。
- ★ 对个人能力产生不切实际甚至夸张的念头，偏执，产生幻觉，例如听见/看见别人听不见/看不见的东西。
- ★ 睡眠和饮食情况发生剧烈变化或个人卫生状况恶化。
- ★ 喜怒无常或情绪易波动。

你会发现，大约 98% 的青少年都有以上绝大多数特征，因此，我只能祝你好运。

你能做的就是和他们谈谈你在本书中看到的心理健康问题，让他们知道你理解作为青少年的压力，也了解帮助他们的方法。随时保持沟通渠道畅通，并向他们保证，绝对没有禁忌话题——避孕、性别性向认同、焦虑症都可以。

后　记

自创作本书第一稿以来，我的焦虑问题就恶化了。我的日程安排得满满的，对于旅行的焦虑也达到了上限，于是在 2015 年海伊文学艺术节现场，我的焦虑症当众发作了。在舞台上，和玛洛丽·布莱克曼（Malorie Blackman）一起。太丢脸了。

我试着强迫自己完成《同志趣谈》的美国巡回签售，可登上那一班飞机并非易事，我因此不得不取消了在康涅狄格州的见面会。康涅狄格的书迷们，抱歉。

一回到英国，我马上去见了我的全科医生。他简直太棒了。他认真听完我的情况，问我为什么没有尝试服用 SSRI 来治疗我的肠易激综合征。我们一致认为值得一试。

医生一开始给我开了舍曲林。没什么效果。另外，服药仅仅几个小时后，我就开始疯狂腹泻，排出绿色的油状物（抱歉），并且不能控制面部表情，好像吞了世界上所有的摇头丸。我有整整三天睡不着觉（好歹睡着了，也是噩梦连连）。不过，我有个好友在和丈夫离婚后也服用了舍曲林，除了最初的瞌睡劲儿，她完全没有副作用，当然也没有绿色的排泄物。我赶紧停药，去找全科医生复诊。

他向我保证，副作用后面会减轻，可我实在无法忍受那该死的绿色便便。于是，他给我换成艾司西酞普兰，这药简直有奇效。除了有点口干，我没有其他任何副作用。有趣的是，服药后我没感觉有太大的不同，但再没有对事物感到过度焦虑了。

举个例子：我去看了泰勒·斯威夫特在伦敦海德公园举办的演唱会。要换作以前的我，一整天待在只有移动厕所的公园里简直不可想象。我会非常担心在那里上不了厕所，就不去了。然而，那天在回家的路上，我突然想到自己甚至没有担心过这回事！太神奇了！

药物确实发挥了作用。不是说"哈利路亚，我得救了"，而是生活对我而言容易了许多。更重要的是，我又开始学着享受无忧无虑的日子了。有时，你只有在稍微好转一点后，才会意识到当初有多糟糕。

以前我可能不大愿意服药，但鉴于感受到药效实际上很好，现在我也乐意继续吃药了。我还去看了心理治疗师，我们一直在讨论为什么一开始我会那么焦虑。

照顾你的大脑和去健身房或每天坚持吃蔬菜水果没有什么区别，都是一种保养。我多么希望在以前没这么严重的时候，能花点时间好好照顾自己的大脑，因为预防远比治疗更重要。可惜那时，我总是假装一切都很好。

因此，你要留心自己的心理健康状况；要找人交流，要吃好睡好，不要害怕寻求帮助。这些对每个人都至关重要。

朱 诺

参考文献

Parsons, T *The Social System* Glencoe, IL: The Free Press, 1951

Blumenthal JA, Babyak MA, Doraiswamy PM, Watkins L, Hoffman BM, Barbour KA, Herman S, Craighead WE, Brosse AL, Waugh R, Hinderliter A, Sherwood A 'Exercise and pharmacotherapy in the treatment of major depressive disorder' *Psychosomatic Medicine* 2007

J. Thompson Coon, K. Boddy, K. Stein, R. Whear, J. Barton, and M. H. Depledge 'Does participating in physical activity in outdoor natural environments have a greater effect on physical and mental wellbeing than physical activity indoors?' *Environmental Science and Technology* 2001

Holmes, T and Rahe, R. Holmes-Rahe 'Social readjustment rating scale' *Journal of Psychosomatic Research* Vol II 1967

Aldwin, CM *Stress, Coping and Development* Guildford Press, 2007

Seligman, M *Learned Optimism* New York: A. A. Knopf, Inc., 1990

Seligman, M *Helplessness: On Depression, Development, and Death* San Francisco: W.H. Freeman, 1975

Carlson, NR & Heth, CD *Psychology: the science of behaviour*. 4th ed. Upper Saddle River, New Jersey: Pearson Education, Inc., 2007

小测试答案

1. 神经性贪食症
2. 表演型人格障碍
3. 丧亲之痛
4. SSRI
5. 肾上腺素
6. 强迫症
7. 内啡肽
8. 可卡因

作者致谢

我想在这里向以下各位表达感谢：

向所有分享出他们故事的朋友们致谢。很多人会因为你们的勇敢而减轻孤独感。

向奥利维娅，我的老朋友致谢。谢谢你给我建议、帮我纠错。向杰玛致谢。谢谢你创作出那些无与伦比的插画。向 Hot Key Books 的全员致谢。谢谢你们做的一切。

也向你，我的读者致谢。谢谢你听我说了一个再简单不过的道理：我们都有需要帮助的时候，永远不要害怕去寻求帮助。你只有主动，才会得到帮助。

图书在版编目（CIP）数据

照顾好你的"心"：写给青少年自己的心理健康指南 /（英）朱诺·道森,（英）奥利维娅·休伊特著；(英)杰玛·科雷尔绘；孙依静译. -- 北京：北京联合出版公司, 2024.6
ISBN 978-7-5596-7580-4

Ⅰ.①照… Ⅱ.①朱… ②奥… ③杰… ④孙… Ⅲ.①青少年—心理健康—健康教育—指南 Ⅳ.①G479-62

中国国家版本馆CIP数据核字(2024)第077384号

Copyright ©Juno Dawson 2016
Illustrations copyright © Gemma Correll 2016
Originally Published in the English Language as MIND YOUR HEAD
by Hot Key Books, an imprint of Bonnier Books UK
The moral rights of the author have been asserted.
本书中文简体版权归属于银杏树下（北京）图书有限责任公司

北京市版权局著作权合同登记 图字：01-2024-1269

照顾好你的"心"：写给青少年自己的心理健康指南

著　　者：[英]朱诺·道森　[英]奥利维娅·休伊特
绘　　者：[英]杰玛·科雷尔　　　　　译　　者：孙依静
出品人：赵红仕　　　　　　　　　　　选题策划：银杏树下
出版统筹：吴兴元　　　　　　　　　　编辑统筹：郝明慧
特约编辑：张昊悦　贾蓝钧　　　　　　责任编辑：李艳芬

营销推广：ONEBOOK　　　　　　　　　装帧制造：墨白空间·张　萌

北京联合出版公司出版
（北京市西城区德外大街83号楼9层　100088）
嘉业印刷（天津）有限公司　新华书店经销
字数150千字　889毫米×1194毫米　1/32　6印张
2024年6月第1版　2024年6月第1次印刷
ISBN 978-7-5596-7580-4
定价：45.00元

后浪出版咨询(北京)有限责任公司　版权所有，侵权必究
投诉信箱：editor@hinabook.com　　fawu@hinabook.com
未经书面许可，不得以任何方式转载、复制、翻印本书部分或全部内容
本书若有印、装质量问题，请与本公司联系调换，电话 010-64072833